100

ORACIONES

*más importantes
de la Biblia*

ED STRAUSS

inspiración para la vida
CASA PROMESA
Una división de Barbour Publishing, Inc.

© 2019 por Casa Promesa
Una división de Barbour Publishing, Inc.

ISBN: 978-1-68322-876-9

Título en inglés: *The Top 100 Prayers of the Bible*
© 2008 por Barbour Publishing.

Reservados todos los derechos. Prohibido reproducir o transmitir cualquier parte de esta publicación con fines comerciales, excepto breves citas en revistas impresas, sin el permiso escrito de la editorial.

Las iglesias y otros intereses no comerciales pueden reproducir porciones de este libro sin el expreso permiso de Casa Promesa, siempre que el texto no exceda 500 palabras y que no sea material citado de otro editor. Al reproducir texto de este libro, incluir la siguiente línea de copyright: "de *Los 100 oraciones más importantes de la Biblia*, publicado por Casa Promesa. Usado con permiso".

Los versículos señalados con RVR1960 están tomados de la Santa Biblia, Versión Reina-Valera 1960 © Sociedades Bíblicas en América Latina, 1960. Renovado © Sociedades Bíblicas Unidas, 1988.

Los versículos señalados con NVI están tomados de la Santa Biblia, Nueva Versión Internacional ® NVI® Copyright © 1986, 1999, 2015 por Biblica, Inc.® Usada con permiso. Reservados todos los derechos a nivel mundial.

Los versículos señalados con NTV están tomados de la Santa Biblia, Nueva Traducción Viviente, © Tyndale House Foundation, 2010. Reservados todos los derechos.

Los versículos señalados con LBLA están tomados de la Santa Biblia, versión La Biblia de las Américas (LBLA) © 1986, 1995, 1997 por The Lockman Foundation.

Los versículos señalados con BLP están tomados de La Palabra, (versión española) © 2010 Texto y Edición, Sociedad Bíblica de España.

Cover Illustration: Eric Enstrom, Wikimedia

Desarrollo editorial. *Semantics, Inc.* P.O. Box 290186, Nashville, TN 37229. semantics01@comcast.net

Publicado por Casa Promesa, 1810 Barbour Drive, Uhrichsville, Ohio 44683, www.casapromesa.com

Nuestra misión es inspirar al mundo con el mensaje transformador de la Biblia.

Impreso en Estados Unidos de América.

Contenido

Introducción 7
1. Oración bajo las estrellas 9
2. Solicitud de aclaración 11
3. Cuando Dios dice que no 13
4. Intercesión audaz 15
5. ¿Cambiar la mente de Dios? 17
6. Orar por la esposa correcta 19
7. Enfoque pequeño, oraciones pequeñas 21
8. Citar las promesas de Dios 23
9. Oraciones de dolor y confusión 25
10. Envía a otro, Señor 27
11. ¡Nadie me escucha! 29
12. Una poderosa oración de alabanza 31
13. Duda y culpa 33
14. Intercesión poderosa 35
15. Anhelo de ver a Dios 37
16. Invocar la bendición sacerdotal 39
17. Oración para pedir ayuda 41
18. ¿Cómo puede Dios hacer eso? 43
19. Intercesión 45
20. Recordarle a Dios su misericordia 47
21. Respuesta inusual a la oración 49
22. No vuelvas a orar por esto 51
23. Orando por un sucesor 53
24. ¡Deja de orar así! 55
25. Oración corta, respuesta larga 57

26. Oraciones educadas de protesta 59
27. Poner vellones 61
28. Oraciones de Sansón 63
29. Orar cuando se está profundamente desanimado 65
30. Oración en la angustia 67
31. Ana alaba a Dios 69
32. Orar para que Dios hable 71
33. Oración en la cueva de Adulán 73
34. David busca una guía precisa 75
35. Oración en las fauces de la muerte 77
36. Oración por protección y orientación 79
37. Animado para orar 81
38. Cántico de alabanza de David 83
39. Dios, cumple tus promesas 85
40. Arrepentirse de pecados graves 87
41. Orar por los amigos enemigos íntimos 89
42. Orar a un Dios misericordioso 91
43. Señor, no calles 93
44. Oración en caso de enfermedad y debilidad 95
45. Salomón ora por sabiduría 97
46. Oración dedicatoria de Salomón 99
47. La oración de Jabés 101
48. Orar en paz y en guerra 103
49. Oración pública en momentos desesperados 105
50. Oraciones perplejas y acusadoras 107
51. Cuando Dios ha decidido actuar 109
52. Oraciones fervientes y repetidas 111
53. Oraciones derrotistas 113
54. Escuchar la voz de Dios 115

55. Abre mis ojos, Señor..........................117
56. Cuando Dios no oye la oración..................119
57. Nada que hacer excepto orar....................121
58. Una oración real.............................123
59. Ezequías ora para vivir más....................125
60. La oración en el reino del Mesías...............127
61. Cuestionando a Dios 129
62. Un lamento..................................131
63. Confesión y arrepentimiento nacional 133
64. Esdras confiesa los pecados de su pueblo 135
65. Oración por hallar favor 137
66. Orar por ánimo y fuerza 139
67. Oraciones que molestan al Señor 141
68. Una respuesta inesperada 143
69. El Padrenuestro..............................145
70. Di la palabra y está hecho.....................147
71. Oraciones aterrorizadas y en pánico.............149
72. Incluso ahora puedes actuar 151
73. Tocar a Jesús 153
74. Cree cuando oras 155
75. ¡Señor, sálvame!..............................157
76. Una solicitud persistente......................159
77. Ayúdame a superar mi incredulidad 161
78. Una petición presuntuosa 163
79. Peticiones de oración imposibles................165
80. Orar y nunca darse por vencidos................167
81. Creer y agradecer a Dios......................169
82. Orar incluso ahora 171
83. El fariseo y el recaudador de impuestos 173

84. No dejes de clamar 175
85. Cuando Dios truena 177
86. Oración de Jesús por unidad 179
87. Rendirse a la voluntad de Dios 181
88. Una oración de perdón 183
89. Oraciones finales de Jesús 185
90. Orar y echar suertes 187
91. Orar por denuedo 189
92. ¿Qué debo hacer, Señor? 191
93. Pregunta y respuesta 193
94. Oraciones que se levantan como una ofrenda 195
95. Decir que no a Dios 197
96. La bendición efesia 199
97. Oraciones de Pablo por las iglesias 201
98. Alabar a Dios en el cielo 203
99. Oraciones por venganza en el cielo 205
100. En el nombre de Jesús, amén 207

Introducción

Este libro, tal como dice su título, contiene las cien oraciones más importantes de la Biblia. Te sorprenderá su diversidad —desde peticiones agónicas, demandas, protestas y quejas hasta súplicas de misericordia, gritos de alabanza y bendiciones—, pero todas son clamores de corazón a Dios.

Estas oraciones también tratan con un amplio espectro de situaciones. La vida desordenada de la gente, tanto entonces como ahora, provocaba anhelo por la intervención divina. Experimentaban problemas personales complejos, cansancio y frustración, necesidades financieras apremiantes, enfermedades que amenazaban su vida. Necesitaban orientación específica y recibieron promesas casi increíbles. Cualquiera que fuera su situación, se veían forzados a mirar a Dios para que hiciera un milagro.

Es nuestra esperanza que la meditación de cómo los hombres y mujeres de la antigüedad imploraron a Dios en tiempos de necesidad, y cómo él actuó en sus vidas, te inspirará a creer que Dios se preocupa por ti y también escucha *tus* oraciones hoy. Sigue siendo el mismo Dios todopoderoso y compasivo que era entonces. Él dice: «Porque yo Jehová, no me mudo» (Malaquías 3:6 rva), y «Jesucristo es el mismo ayer y hoy y por los siglos» (Hebreos 13:8 nvi).

¿Estás frustrado y no sabes qué hacer? ¿Estás enfrentando un problema que es mucho más grande de lo que puedes manejar? En algún lugar, en algún momento, alguien en la Biblia se enfrentó a una situación similar, se volvió a Dios en oración y esperó que él respondiera; y lo hizo.

No importa cuán desesperada sea tu situación, cuán profundo sea tu dolor, cuán aguda sea tu necesidad, Dios está presente para ayudarte. Puede que no conteste cada una de tus oraciones de la manera que tú piensas que debería o en el tiempo exacto que tú deseas que lo haga, pero, si crees y perseveras, el Señor contestará.

1. Oración bajo las estrellas

Una noche, cuando los cielos estrellados se desplegaban sobre la tierra oscurecida de Canaán, el Señor le dio a Abraham (entonces llamado Abram) una visión. La voz de Dios se grabó en sus sentidos, diciendo: «No temas, Abram. Yo soy tu escudo, y muy grande será tu recompensa» (Génesis 15:1 NVI). Abraham sabía que Dios era real y que estaba en la presencia de su todopoderoso Creador, así que aprovechó la oportunidad para expresar la necesidad más profunda de su corazón.

Oró: «Señor y Dios, ¿para qué vas a darme algo, si aún sigo sin tener hijos, y el heredero de mis bienes será Eliezer de Damasco?» (Génesis 15:2 NVI). El corazón de Abraham estaba tan apesadumbrado que repitió: «Como no me has dado ningún hijo, mi herencia la recibirá uno de mis criados» (Génesis 15:3 NVI).

Pero Dios respondió: «Ese hombre no ha de ser tu heredero […]. Tu heredero será tu propio hijo» (Génesis 15:4 NVI). Entonces Abraham sintió que Dios lo guiaba fuera de su tienda. Mientras salía, el Señor dijo: «Mira hacia el cielo y cuenta las estrellas, a ver si puedes» (Génesis 15:5 NVI). Abraham estaba abrumado por la imposibilidad de la tarea. Había demasiadas para contarlas. Entonces Dios dijo: «¡Así de numerosa será tu descendencia!» (Génesis 15:5 NVI).

«Abram creyó al Señor, y el Señor se lo reconoció como justicia» (Génesis 15:6 NVI).

La fe de Abraham en la promesa de Dios no solo lo hizo justo a los ojos de Dios, sino que aseguró que su petición fuera concedida. Años más tarde, su esposa Sara quedó embarazada y dio a luz a un hijo, Isaac (Génesis 21:1–2). A pesar de que tomó mucho tiempo, Abraham «tampoco en la promesa de Dios dudó con desconfianza: antes fué esforzado en fe» (Romanos 4:20 RVA).

Las oraciones de Abraham brotaron de su profunda relación con Dios. Observa que el Señor comenzó diciéndole que él mismo era su recompensa más grande. Terminó el encuentro de esa noche declarando a Abraham justo ante sus ojos.

Abraham amaba y adoraba al Señor ante todo, así que Dios se complació en acceder a su petición. «Deléitate asimismo en Jehová, y él te concederá las peticiones de tu corazón» (Salmos 37:4 RVR1960). «Mas buscad primeramente el reino de Dios y su justicia, y todas estas cosas os serán añadidas» (Mateo 6:33 RVR1960).

2. Solicitud de aclaración

A menudo, aunque crees que Dios te ha prometido hacer algo por ti, quieres estar doblemente seguro. Puede que hayas recibido la clara impresión de que él estaría contigo y te bendeciría en un esfuerzo, pero también sabes que podrías estar equivocado. Puede que hayas malinterpretado lo que Dios pretendía. Y aunque reivindicas promesas de su Palabra, no quieres ser presuntuoso. Así que pides aclaración y confirmación. Esto es perfectamente escritural.

Cuando Abraham llegó por primera vez a Canaán, Dios le prometió: «A tu descendencia daré esta tierra» (Génesis 12:7 RVR1960). Un par de años después, dijo: «Porque toda la tierra que ves, la daré a ti y a tu descendencia para siempre» (Génesis 13:15 RVR1960). Tras unos pocos años más, Dios dijo: «Yo soy Jehová, que te saqué de Ur de los caldeos, para darte a heredar esta tierra» (Génesis 15:7 RVR1960).

Dios había hecho la misma promesa en tres ocasiones. Pero Abraham preguntó: «Señor Jehová, ¿en qué conoceré que la he de heredar?» (Génesis 15:8 RVR1960). Es posible que quieras responder de golpe: «Porque Dios lo *dijo*!». Pero Abraham no estaba dudando. Solo necesitaba una aclaración. Dios había prometido darle la tierra «A tu descendencia», luego prometió darle «a heredar esta tierra». Así que Abraham se preguntaba si él personalmente heredaría la tierra y se la pasaría a sus hijos. De ser así, algo importante tenía que suceder, y pronto. Después de todo, no se estaba volviendo más joven.

Dios entonces aclaró *exactamente* lo que quería decir. Afirmó que Abraham moriría y sería sepultado sin tomar posesión de la tierra, pero que después de cuatrocientos años sus descendientes regresarían de otro país y heredarían Canaán (Génesis 15:13, 15). Luego Dios le mandó a Abraham que sacrificara unos animales y los cortara por la mitad. Entonces, en la oscuridad, Abraham «vio un horno humeante y una antorcha ardiente que pasaban entre las mitades de los animales muertos» (Génesis 15:17 NTV). Este horno y antorcha ardientes representaban a Dios mismo. En aquellos tiempos, cuando alguien caminaba entre las partes de un sacrificio, estaba invocando una maldición sobre sí mismo, diciendo: «Si no cumplo mi promesa, que me partan en dos».

Al hacerlo, Dios se vinculó irrevocablemente con un pacto solemne para dar la tierra a los descendientes de Abraham. Y lo hizo.

Pedir a Dios aclaraciones y confirmaciones es sabio.

3. Cuando Dios dice que no

Pasaron los años y Sara no tuvo hijos. Al darse cuenta de que ya había pasado la edad de procrear, le dio a Abraham a su esclava Agar como concubina. Según las costumbres de la época, un niño nacido de una esclava podía contarse como hijo de la esposa legal, de modo que, con un poco de «ayuda», se cumpliría la promesa de Dios. Agar quedó embarazada y dio a luz a un hijo al que llamó Ismael.

Trece años más tarde, Abraham consideró resuelto el asunto de su heredero. Entonces un día Dios le dijo: «A Sarai, tu mujer [...] Sara será su nombre. Y la bendeciré, y de cierto te daré un hijo por medio de ella. La bendeciré y será madre de naciones» (Génesis 17:15–16 LBLA).

¿Cuál fue la reacción de Abraham? Estaba tan sorprendido que se cayó al suelo de la risa. ¡Sara tenía ya noventa años! ¿Cómo podría tener un hijo? Abraham sabía que estaba escuchando a Dios, no su imaginación, y no quería ser irrespetuoso, pero esto... esto era *demasiado chistoso*.

Después de recuperar el control, Abraham se levantó del suelo y continuó orando. Estaba seguro de que Ismael era su heredero. Nunca había considerado a nadie más. Así que oró: «¡Ojalá que Ismael viva delante de ti!» (Génesis 17:18 LBLA). En otras palabras: «Pero, Dios, ya tengo un hijo. Que Ismael herede las promesas».

Dios dijo: «No, sino que Sara, tu mujer, te dará un hijo, y le pondrás el nombre de Isaac; y estableceré mi pacto con él [...]. Y en cuanto a Ismael, te he oído; he aquí, yo lo bendeciré y lo haré fecundo y lo multiplicaré en gran manera [...]. Pero mi pacto lo estableceré con Isaac» (Génesis 17:19–21 LBLA).

Dios sabía que Abraham amaba a Ismael, así que lo bendijo poderosamente. Pero no podía concederle su petición a Abraham. Ismael no era el heredero. Dios tenía un plan diferente, uno que requería que Abraham creyera en lo imposible.

A veces Dios nos oculta algo bueno porque tiene en mente algo mejor.

4. Intercesión audaz

Un día el Señor vino al campamento de Abraham bajo los encinares de Mamre, acompañado de dos ángeles. Llegaron en forma de mortales. Cuando ya se iban, Dios le informó a Abraham que estaba a punto de destruir las ciudades malvadas de la llanura porque el clamor contra Sodoma y Gomorra era grande (Génesis 18:20). Ahora bien, Lot, el sobrino de Abraham, y su familia vivían en Sodoma, así que Abraham se alarmó.

Dios había dicho que el clamor contra ellos era grande. ¿Quiénes habían estado clamando contra ellos sino sus víctimas, que vivían en la misma ciudad? Seguramente, razonó Abraham, no merecían ser destruidos con sus malvados opresores. Así que oró: «¿Destruirás también al justo con el impío? [...] El juez de toda la tierra, ¿no ha de hacer lo que es justo?» (Génesis 18:23, 25 RVA).

Era un planteamiento audaz y Abraham lo sabía. Pero no sabía qué más decir. Y Dios accedió. Dijo que, si había cincuenta personas justas en Sodoma, perdonaría a la ciudad. Abraham entonces le pidió a Dios que perdonara a Sodoma si solo había cuarenta y cinco personas justas allí. Dios estuvo de acuerdo. Pero Abraham todavía no tenía paz. Así que le pidió a Dios que no lo destruyera si solamente había cuarenta personas piadosas. Otra vez, Dios estuvo de acuerdo.

Abraham temía molestar al Señor, pero se atrevió a pedirle que perdonara a la ciudad por el bien de treinta, luego de veinte y luego de diez personas. Dios estuvo de acuerdo en cada ocasión. Al día siguiente, mientras veía el humo negro y espeso que se elevaba hacia el cielo, Abraham se dio cuenta de que Sodoma había estado entregada por completo al mal.

Sin embargo, Abraham es un tremendo ejemplo de intercesión. Fue movido por la compasión y la preocupación y perseveró en la oración por los demás. Apeló valientemente al sentido de justicia y misericordia de Dios. A menudo tenemos miedo de orar así. Nos preocupa que se enoje si insistimos demasiado. Sospechamos que nos echará fuera si seguimos hablando. Pero Dios nos manda literalmente que no dejemos de rogarle por los demás.

La Biblia dice: «Los que os acordáis de Jehová, no reposéis, ni le deis tregua, hasta que restablezca a Jerusalén, y la ponga por alabanza en la tierra» (Isaías 62:6–7 RVR1960). ¿Por quién o por qué estás orando sin cesar?

5. ¿Cambiar la mente de Dios?

Muchas personas creen que, si oran lo suficiente, pueden cambiar la mente de Dios. Señalan que hay pasajes bíblicos en los que el Señor declaró que haría algo, pero un hombre de Dios intercedió y, al parecer, cambió la voluntad de Dios. Por ejemplo:

Dios declaró que destruiría Sodoma y Gomorra si eran malvadas (Génesis 18:20–21) y, después de saber que lo eran, los ángeles instaron a la familia de Lot: «¡Escápate! No mires hacia atrás, ni te detengas en ninguna parte del valle. Huye hacia las montañas, no sea que perezcas» (Génesis 19:17 NVI).

Lot protestó: «Pero yo no puedo escaparme a las montañas, no sea que la destrucción me alcance y pierda yo la vida. Cerca de aquí hay una ciudad pequeña, en la que podría refugiarme. ¿Por qué no dejan que me escape hacia allá?». Uno de los ángeles le contestó: «también esta petición te la concederé. No destruiré la ciudad de que hablas. Pero date prisa» (Génesis 19:19–22 NVI).

¿Cambió Lot la voluntad de Dios? No. Dios solo había jurado destruir Sodoma y Gomorra. Siempre estuvo dentro de su voluntad que Zoar se salvara. Pero, si Lot no hubiera preguntado, también se habría consumido en la destrucción.

En 2 Reyes 20:1–5 (NVI), el rey Ezequías cayó enfermo y se preguntaba si sanaría. Dios le envió a Isaías con este mensaje: «vas a morir; no te recuperarás». Pero, cuando Ezequías lloró y oró con desesperación, Dios le volvió a enviar a Isaías para decirle: «He escuchado tu oración y he visto tus lágrimas. Voy a sanarte». ¿Cambió Ezequías el pensamiento de Dios? No. *Siempre* estuvo dentro de su voluntad que Ezequías fuera sanado. Pero, si no hubiera orado, ciertamente habría muerto.

Otra vez, Dios amenazó con destruir a Nínive, pero, cuando su pueblo se arrepintió, no la destruyó. ¿La razón? Dios no se complace en la muerte de los malvados. Él anhela que los impíos se arrepientan y vivan (Ezequiel 33:11). Él es «un Dios bondadoso y compasivo, lento para la ira y lleno de amor, que cambias de parecer y no destruyes» (Jonás 4:2 NVI).

Volvamos a fijarnos en Lot: era un «justo» (2 Pedro 2:7), y Santiago nos dice: «La oración ferviente de una persona justa tiene mucho poder» (Santiago 5:16 NTV). ¡Así que ora! Tu petición podría estar dentro de la voluntad de Dios. Pero tienes que pedir o puede que nunca ocurra.

6. Orar por la esposa correcta

Isaac tenía cuarenta años, así que Abraham decidió que era hora de que se casara. Llamó a su siervo Eliezer y lo envió a Harán, en el extremo norte. Abraham estaba determinado a que Isaac se casara con una mujer piadosa de su propio pueblo, los hebreos.

Tiempo después, Eliezer llegó a un pozo en las afueras de la ciudad. Pero ¿cómo elegir una esposa? Escoger a una mujer *cualquiera* podría ser desastroso. La esposa de Isaac tenía que ser no solo bella sino también virtuosa, trabajadora y generosa. Pero el tiempo era oro. Eliezer no podía pasar semanas conociendo a las mujeres de la ciudad. Además, un padre podría decir que su hija era virtuosa solo por verla casada. Eliezer tenía que depender de Dios.

Oró: «Oh Señor, Dios de mi amo, Abraham [...]. Te ruego que hoy me des éxito y muestres amor inagotable a mi amo, Abraham. Aquí me encuentro junto a este manantial, y las jóvenes de la ciudad vienen a sacar agua. Mi petición es la siguiente: yo le diré a una de ellas: "Por favor, deme de beber de su cántaro"; si ella dice: "Sí, beba usted, ¡y también daré de beber a sus camellos!", que sea ella la que has elegido como esposa para Isaac» (Génesis 24:12-14 NTV).

Era una condición muy exigente. Eliezer había llegado con diez camellos. Era muy improbable que *cualquier* mujer se ofreciera a abrevar a tantas bestias sedientas, para un extraño. Tendría que poseer una virtud poco común. Pero, cuando Rebeca llegó al manantial, demostró ser una mujer así. Cuando ella cumplió al pie de la letra la oración de Eliezer, él cayó de rodillas, maravillado, y alabó a Dios. No perdió el tiempo: al día siguiente, Rebeca iba en camello hacia el sur, hacia Canaán.

Hoy en día, la mayoría de los hombres y mujeres no dependen ni deben depender de una sola y espectacular señal para mostrarles con quién deben casarse. Por lo general, tienen tiempo suficiente para conocer a un posible cónyuge. Pero Dios todavía puede conceder señales milagrosas en respuesta a una oración desesperada. Habrá momentos en tu vida personal o profesional en los que te verás forzado a tomar decisiones importantes y simplemente no sabrás qué hacer.

En tales momentos, al igual que Eliezer, debes orar y depender de Dios para dejar en claro lo que tienes que hacer.

7. Enfoque pequeño, oraciones pequeñas

Jacob había arrebatado astutamente la primogenitura y la bendición de su hermano, y Esaú quiso matarlo. Entonces Rebeca persuadió a Isaac para que enviara a Jacob a Harán a buscar esposa, pero su verdadera razón era salvarlo de una situación peligrosa.

Isaac ahora reconocía a Jacob como su heredero, así que, con la vista puesta en el cuadro completo, Isaac le dio a su hijo esta bendición de despedida: «Y el Dios omnipotente [...] te dé la bendición de Abraham, y a tu descendencia contigo, para que heredes la tierra» (Génesis 28:3–4 RVR1960).

Mientras Jacob dormía junto al camino una noche, Dios se le apareció y le dijo: «Yo soy Jehová, el Dios de Abraham tu padre, y el Dios de Isaac; la tierra en que estás acostado te la daré a ti y a tu descendencia [...]. He aquí, yo estoy contigo, y te guardaré por dondequiera que fueres, y volveré a traerte a esta tierra; porque no te dejaré hasta que haya hecho lo que te he dicho» (Génesis 28:13, 15 RVR1960).

¡Qué promesas! Dios habló del magnífico destino de Jacob: una multitud de descendientes que heredarían todo Canaán. Pero el enfoque de Jacob era mucho más pequeño: en lo único que podía pensar era en su seguridad personal, en tener comida, mantenerse caliente y volver a casa. Respondió: «Si fuere Dios conmigo, y me guardare en este viaje en que voy, y me diere pan para comer y vestido para vestir, y si volviere en paz a casa de mi padre, Jehová será mi Dios» (Génesis 28:20–21 RVR1960).

Dios había dicho que su presencia nunca abandonaría a Jacob. Prometió bendecirlo con descendientes que llenarían la tierra. El Dios todopoderoso mantendría vivo a Jacob para asegurar que este tremendo futuro sucediera. Eso era un hecho. Pero, como creyentes, podemos identificarnos con la actitud de Jacob. A menudo nosotros también quitamos los ojos de las promesas de Dios y nos ponemos ansiosos. A veces lo único en lo que podemos pensar es en cómo vamos a pagar nuestras cuentas o cómo vamos a sobrevivir a alguna crisis.

Haremos bien en recordar la promesa de Dios: «Porque yo sé muy bien los planes que tengo para ustedes —afirma el Señor—, planes de bienestar y no de calamidad, a fin de darles un futuro y una esperanza» (Jeremías 29:11 nvi). ¡Pon tu enfoque en eso y transformará tu vida de oración!

8. Citar las promesas de Dios

Pasaron veintiún años, y Jacob se dirigía ahora de regreso a Canaán. Con él estaban sus cuatro esposas, once hijos, y grandes rebaños y manadas. Envió mensajeros para informar a Esaú que venía. Mejor decírselo a que Esaú lo descubriera tratando de volver a Canaán. Pero, cuando los mensajeros de Jacob regresaron, trajeron noticias alarmantes: Esaú no solo cabalgaba para encontrarse con él, ¡sino que traía cuatrocientos hombres armados!

Jacob estaba comprensiblemente asustado. Pero su oración muestra su madurez y la profundización de su relación con Dios. Ahora era un hombre espiritual que miraba sus problemas a la luz de las promesas de Dios.

Jacob oró: «Oh Dios de mi padre Abraham y Dios de mi padre Isaac, oh Señor, que me dijiste: "Vuelve a tu tierra y a tus familiares, y yo te haré prosperar", indigno soy de toda misericordia y de toda la fidelidad que has mostrado [...]. Líbrame, te ruego, de la mano de mi hermano, de la mano de Esaú, porque yo le tengo miedo, no sea que venga y me hiera a mí y a las madres con los hijos. Y tú dijiste: "De cierto te haré prosperar, y haré tu descendencia como la arena del mar que no se puede contar por su gran cantidad"» (Génesis 32:9–12 LBLA).

¡Qué diferencia en sus oraciones! Jacob intercaló su petición de protección entre dos de las promesas de Dios, promesas que ahora citaba. Jacob estaba declarando: «Esta es tu palabra, Señor. Confío en ti para que la cumplas, y para que me protejas a mí y a los míos».

Jacob tenía miedo, sí, pero razonó que si Dios dijo: «Vuelve a tu tierra y a tus familiares, y yo te haré prosperar», no lo iba a enviar de vuelta para que lo mataran.

Jacob razonó que para que esta promesa se cumpliera Dios tenía que mantener a sus hijos a salvo.

Cuando Esaú vio a Jacob al día siguiente «corrió a su encuentro y lo abrazó, puso los brazos alrededor de su cuello y lo besó. Y ambos lloraron» (Génesis 33:4 NTV). Dios cumplió su promesa.

9. Oraciones de dolor y confusión

Job experimentó una terrible desgracia. Dios permitió que Satanás le quitara todas sus posesiones, incluso que matara a sus hijos e hijas. Entonces Satanás afligió «a Job con dolorosas llagas desde la planta del pie hasta la coronilla» (Job 2:7 NVI). Tenía tanto dolor que tuvo que sentarse en un montón de cenizas suaves.

Mientras sus furúnculos se llenaban de pus, Job agarró una pieza de cerámica rota y se los raspaba. Las moscas pusieron huevos en las llagas abiertas, y pronto los gusanos se deslizaban por todo su cuerpo. Job se quejó: «Tengo el cuerpo cubierto de gusanos y de costras; ¡la piel se me raja y me supura!» (Job 7:5 NVI). Estas penalidades duraron meses.

El dolor y la molestia lo mantenían despierto por la noche: «La noche se me hace interminable; me doy vueltas en la cama hasta el amanecer» (Job 7:4 NVI). Cuando finalmente se dormía, era atormentado por pesadillas (Job 7:13–15). No entendía por qué Dios permitía que sufriera tanto.

Los amigos de Job le aseguraron que, si confesaba su pecado, Dios restauraría su salud, pero Job no podía pensar en ningún pecado que hubiera cometido. Job oraba por sus problemas, pero sobre todo derramaba su corazón en amargas quejas.

Job clamó al Señor en su dolor y confusión: «¡Ah, si Dios me concediera lo que pido! ¡Si Dios me otorgara lo que anhelo! ¡Ah, si Dios se decidiera a destrozarme […] y aniquilarme!» (Job 6:8–9 NVI). Esta era una oración amarga, y Job continuó pidiendo: «Déjame disfrutar de un momento de alegría antes de mi partida sin regreso» (Job 10:20–21 NVI). Dios no respondió a estas peticiones.

Pero Dios sí respondió a estas oraciones: «Concédeme, oh Dios, solo dos cosas, y no tendré que esconderme de ti: Quítame la mano de encima y deja de infundirme temor. Llámame a comparecer [...] hazme ver mis transgresiones y ofensas» (Job 13:20–23 NVI). Dios se le apareció a Job, con misericordia puso fin a su sufrimiento, y restauró su salud y sus posesiones. «El Señor lo hizo prosperar de nuevo y le dio dos veces más de lo que antes tenía» (Job 42:10 NVI).

Hoy en día suele ser igual. Dios escoge entre las oraciones agonizantes y confusas de los creyentes y les trae respuestas que nunca pidieron y soluciones que no podían imaginar en su oscuridad.

10. Envía a otro, Señor

A menudo se dice que la oración es «hablar con Dios». Pero la mayoría de las personas nunca entablarán una conversación con Dios como lo hizo Moisés. Cuando se acercó a la zarza ardiente, el Señor comenzó a hablar audiblemente con él. Y aunque sabía que estaba hablando con Dios mismo, Moisés se resistió varias veces a sus órdenes.

Primero protestó: «¿Quién soy yo para presentarme ante el faraón? ¿Quién soy yo para sacar de Egipto al pueblo de Israel?» (Éxodo 3:11 NTV). Luego preguntó: «Si voy a los israelitas y les digo: "El Dios de sus antepasados me ha enviado a ustedes", ellos me preguntarán: "¿Y cuál es el nombre de ese Dios?". Entonces, ¿qué les responderé?» (Éxodo 3:13 NTV). Moisés planteó más objeciones: «¿Qué hago si no me creen o no me hacen caso? ¿Qué hago si me dicen: «El Señor nunca se te apareció»?» (Éxodo 4:1 NTV). Cada vez, Dios respondió pacientemente las preguntas de Moisés.

Pero entonces Moisés intentó abandonar la tarea por completo. Argumentó: «Oh Señor, no tengo facilidad de palabra; nunca la tuve, ni siquiera ahora que tú me has hablado. Se me traba la lengua y se me enredan las palabras». Pero Dios le dijo con firmeza: «¡Ahora ve! Yo estaré contigo cuando hables y te enseñaré lo que debes decir» (Éxodo 4:10, 12 NTV).

Al final, Moisés soltó lo que realmente estaba pensando: «¡Te lo ruego, Señor! Envía a cualquier otro» (Éxodo 4:13 NTV). Entonces Dios se enojó. Pero él había anticipado incluso esto, así que le dijo a Moisés que su hermano Aarón iba a unírsele. Aarón sería su portavoz, pero Moisés seguía teniendo la tarea de sacar a los israelitas de Egipto.

Moisés no dudó en hacer preguntas a Dios. Sus preguntas revelaron su falta de confianza en sí mismo y su falta de voluntad, cierto, pero eran preguntas honestas, así que Dios las contestó.

Una de las razones más importantes para la oración es buscar la voluntad de Dios y rendirse a ella. Sin embargo, ¿cuántas veces tratamos de librarnos de ello y hacer que Dios apruebe lo que queremos? Es mejor tener la actitud de Isaías. Cuando Dios preguntó: «¿A quién enviaré, y quién nos irá?» Isaías respondió: «Heme aquí, envíame á mí» (Isaías 6:8 rva).

11. ¡Nadie me escucha!

Cuando Moisés regresó por primera vez a Egipto, los israelitas estaban encantados de saber que Dios estaba a punto de liberarlos de la esclavitud. Pero, cuando su conversación con el faraón le salió mal y este aumentó las cargas de los israelitas, culparon a Moisés por su desgracia.

«Jehová respondió a Moisés: Ahora verás lo que yo haré a Faraón [...]. Por tanto, dirás a los hijos de Israel: Yo soy JEHOVÁ; y yo os sacaré de debajo de las tareas pesadas de Egipto, y os libraré de su servidumbre [...]. De esta manera habló Moisés a los hijos de Israel; pero ellos no escuchaban a Moisés a causa de la congoja de espíritu, y de la dura servidumbre. Y habló Jehová a Moisés, diciendo: Entra y habla a Faraón rey de Egipto, que deje ir de su tierra a los hijos de Israel. Y respondió Moisés delante de Jehová: He aquí, los hijos de Israel no me escuchan; ¿cómo, pues, me escuchará Faraón, siendo yo torpe de labios?» (Éxodo 6:1, 6, 9–12 RVR1960).

Torpe de labios. ¿No le había dicho Moisés a Dios que tenía la lengua trabada y no era muy bueno con las palabras? Aquí estaba la prueba. Nadie lo escuchó. Quizás un orador más elocuente habría persuadido al faraón. Moisés había tratado de decírselo a Dios, pero Dios no había escuchado. Además, lo estaba enviando de regreso con el faraón para más conversaciones inútiles.

Por supuesto, Dios sabía que hablar era inútil, pero quería preparar el escenario para demostrar su incomparable poder. Moisés, quien pensó que Dios no lo había entendido, era el que realmente no lo había entendido. Todo lo que podía ver era que este planteamiento no estaba funcionando, y se quejó. Moisés aún no había aprendido dos cosas: Dios es un Dios «de mucha potencia» y «de su entendimiento no hay número» (Salmos 147:5 rva). Así que pasó su tiempo de oración tratando de instruir a Dios sobre los hechos básicos.

Pero, finalmente, después de que Dios golpeó a Egipto y al faraón en la tierra con diez plagas poderosas, este *escuchó* (Éxodo 12:31). Solo necesitaba algo de persuasión primero. Y los israelitas terminaron escuchando (Salmos 78:34). Ellos también necesitaban algo de persuasión.

A menudo somos como Moisés, y nos preguntamos por qué Dios no puede entender que su plan no va a funcionar. Así que desperdiciamos nuestro tiempo de oración en esfuerzos frustrados para llevarlo a nuestro punto de vista. Pero Dios no necesita las explicaciones de los mortales. Él no solo lo sabe todo, sino que es todopoderoso.

12. Una poderosa oración de alabanza

La oración es más que pedirle cosas a Dios, rogarle o interceder por otros. La oración es sobre todo comunicación con el Señor, y a veces necesitamos comunicar nuestro temor y reverencia. En la Biblia, esto a menudo adoptaba la forma de canciones que alababan a Dios por sus poderosos actos. «Canten al Señor una nueva canción, porque ha hecho obras maravillosas. Su mano derecha obtuvo una poderosa victoria; su santo brazo ha mostrado su poder salvador» (Salmos 98:1 NTV).

La primera oración de alabanza en la Biblia es el cántico de Moisés, compuesto después de que Dios destruyó a los egipcios en el Mar Rojo:

«Tu diestra, Señor, reveló su gran poder; tu diestra, Señor, despedazó al enemigo. Fue tan grande tu victoria que derribaste a tus oponentes; diste rienda suelta a tu ardiente ira, y fueron consumidos como rastrojo. Bastó un soplo de tu nariz para que se amontonaran las aguas. Las olas se irguieron como murallas; ¡se inmovilizaron las aguas en el fondo del mar! [...]. Iré tras ellos y les daré alcance —alardeaba el enemigo— [...]. Pero con un soplo tuyo se los tragó el mar; ¡se hundieron como plomo en las aguas turbulentas! ¿Quién, Señor, se te compara entre los dioses? ¿Quién se te compara en grandeza y santidad? Tú, hacedor de maravillas, nos impresionas con tus portentos. Extendiste tu brazo derecho, ¡y se los tragó la tierra! Por tu gran amor guías al pueblo que has rescatado; por tu fuerza los llevas a tu santa morada» (Éxodo 15:6–8, 9–13 NVI).

El corazón de Moisés estaba tan lleno de asombro y alegría por el tremendo milagro que Dios había hecho que esta canción se derramó espontáneamente. Él estaba cantando una oración a Dios, y como sus palabras fueron musicadas, la nación entera pudo unirse.

En el Nuevo Testamento, Pablo aconsejó a los creyentes que se hablaran entre ellos «con salmos, y con himnos, y canciones espirituales, cantando y alabando al Señor en vuestros corazones» (Efesios 5:19 RVA). Dios no solo aprecia cuando le ofreces alabanzas sinceras, sino que inspira y fortalece tu propio espíritu. Debes dar gracias a Dios cuando él obtiene grandes victorias en tu vida. Agradécele específicamente por lo que ha hecho. Incluso puedes cantarle tus alabanzas.

13. Duda y culpa

Dios, presente de manera visible en la columna de nube y fuego, guio a los israelitas en sus viajes (Éxodo 13:21–22; 40:36–37). Después de que milagrosamente cruzaron el Mar Rojo, la nube los guio hacia el sur, deteniéndose finalmente en Refidín, cerca del monte Sinaí (Horeb), donde Dios se encontraría con ellos. Solo tenían un problema: allí no había agua.

Frustrados, los israelitas comenzaron a acusar a Moisés de cometer un error al llevarlos allí. Pero Moisés solo seguía a la nube. La gente empezó a discutir con él. Varios israelitas exigieron: «¿Está o no está el Señor entre nosotros?» (Éxodo 17:7 NVI). Podían ver la nube de Dios. Pero ellos querían más pruebas: que él les diera agua. Dudando de que lo hiciera, descargaron sus frustraciones en Moisés, y exigieron: «Danos agua para beber» (Éxodo 17:2 NVI).

Moisés respondió: «¿Por qué pelean conmigo? […] ¿Por qué provocan al Señor?» (Éxodo 17:2 NVI).

Entonces los israelitas comenzaron a acusarlo. «¿Para qué nos sacaste de Egipto […] para matarnos de sed?» (Éxodo 17:3 NVI). Estaban tan furiosos como para matarlo.

Moisés se apartó a un lado y clamó a Dios: «¿Qué voy a hacer con este pueblo? ¡Solo falta que me maten a pedradas!» (Éxodo 17:4 NVI). Tuvo la buena idea de alejarse para orar, pero su oración estaba fuera de lugar. Él no esperaba que Dios se probara a sí mismo proveyendo agua. Todo lo que quería era un método efectivo de control de multitudes… hasta que pudieran trasladarse a algún lugar que tuviera agua.

Pero Dios respondió: «lleva también la vara con que golpeaste el Nilo. Ponte en marcha, que yo estaré esperándote junto a la roca que está en Horeb. Aséstale un golpe a la roca, y de ella brotará agua para que beba el pueblo» (Éxodo 17:5–6 NVI). Entonces Moisés golpeó la roca y salió agua abundante.

Moisés llamó al lugar Meribá [contienda] porque los israelitas peleaban con él. También lo llamó Masá [prueba] porque ellos probaron al Señor, exigiéndole que demostrara su poder. La gente tenía los ojos completamente desviados de Dios. Pero Moisés también juzgó mal la situación, como reveló su oración.

A veces Dios permite que te pongas a prueba severamente antes de hacer un milagro. Tales pruebas tienen una manera de revelar lo que hay en su corazón.

14. Intercesión poderosa

Cuando Moisés estaba en el monte Sinaí hablando con Dios, los israelitas que estaban al pie de la montaña hicieron un becerro de oro y comenzaron a adorarlo con música y danzas lascivas. Dios estaba tan furioso que le dijo a Moisés: «déjame que se encienda mi ira en ellos, y los consuma; y de ti yo haré una nación grande» (Éxodo 32:10 RVR1960).

Pero Moisés rogó: «Oh Jehová, ¿por qué se encenderá tu furor contra tu pueblo, que tú sacaste de la tierra de Egipto con gran poder y con mano fuerte? ¿Por qué han de hablar los egipcios, diciendo: Para mal los sacó, para matarlos en los montes, y para raerlos de sobre la faz de la tierra? Vuélvete del ardor de tu ira, y arrepiéntete de este mal contra tu pueblo» (Éxodo 32:11–12 RVR1960).

Así que el Señor cedió. Pero mantuvo la intención de castigarlos, así que al día siguiente Moisés oró: «Te ruego, pues este pueblo ha cometido un gran pecado, porque se hicieron dioses de oro, que perdones ahora su pecado, y si no, ráeme ahora de tu libro que has escrito» (Éxodo 32:31–32 RVR1960). Si Dios iba a aniquilar a los israelitas, Moisés no quería que Dios hiciera una gran nación de él tampoco.

Pero Dios insistió en que castigaría solo a los culpables. No aniquilaría a los israelitas de un solo golpe… *ahora*. Sin embargo, prometió que algún día los castigaría. Y lo hizo. Toda la generación mayor murió en el desierto. Pero ese día envió una plaga que mató a los más culpables (Éxodo 32:35).

Moisés sabía que los israelitas habían pecado seriamente y merecían ser castigados, así que puso su propia vida en juego cuando suplicó por ellos. No solo razonó con Dios (Éxodo 32:11–12), sino que le recordó sus promesas (v. 13). Esta fue una oración poderosa. Ni siquiera Moisés pudo proteger completamente a los israelitas de la ira de Dios, pero su oración salvó a la nación de ser exterminada.

Dios todavía busca intercesores audaces y desinteresados hoy en día. Dice: «Y busqué entre ellos hombre que [...] se pusiese en la brecha delante de mí, a favor de la tierra, para que yo no la destruyese» (Ezequiel 22:30 RVR1960). ¿Intercederás tú?

15. Anhelo de ver a Dios

Cada vez que Moisés entraba al Tabernáculo de Reunión, la columna de nube descendía y se paraba a la entrada del mismo. Entonces el Señor le hablaba a Moisés cara a cara, así como un hombre le habla a su amigo. Un día Dios le dijo: «También haré esto que has hablado, por cuanto has hallado gracia ante mis ojos y te he conocido por tu nombre» (Éxodo 33:17 LBLA).

Dios lo amó profundamente, y Moisés lo amó también. El corazón de Moisés se llenó de anhelo de ver a Dios en todo su esplendor, así que imploró: «Te ruego que me muestres tu gloria» (Éxodo 33:18 LBLA).

Dios contestó: «Yo haré pasar toda mi bondad delante de ti, y proclamaré el nombre del Señor delante de ti», pero añadió: «No puedes ver mi rostro; porque nadie puede verme, y vivir» (Éxodo 33:19– 20 LBLA). Dios le dijo a Moisés: «He aquí, hay un lugar junto a mí, y tú estarás sobre la peña; y sucederá que al pasar mi gloria, te pondré en una hendidura de la peña y te cubriré con mi mano hasta que yo haya pasado. Después apartaré mi mano y verás mis espaldas; pero no se verá mi rostro» (Éxodo 33:21–23 LBLA).

Muchos creyentes desde los días de Moisés han anhelado ver a Dios. David oró: «Una cosa he demandado á Jehová, ésta buscaré: Que esté yo en la casa de Jehová todos los días de mi vida, Para contemplar la hermosura de Jehová» (Salmos 27:4 RVA).

Pero, como explicó Jesús, hay una condición: «Bienaventurados los de limpio corazón: porque ellos verán á Dios» (Mateo 5:8 RVA). ¿Cómo puede alguien ser puro de corazón? Los creyentes son lavados por la sangre del Cordero. Por eso, en el cielo, todo verdadero cristiano verá a Dios. «Y sus siervos le servirán. Y verán su cara» (Apocalipsis 22:3–4 rva). En la tierra, ni siquiera Moisés podía mirar directamente a Dios a la cara. Pero un día, todos los verdaderos creyentes contemplarán su gloria completa.

Incluso ahora, en proporción directa a cuánto buscamos a Dios, como creyentes podemos beber en niveles crecientes de la gloria de Dios, y esto nos transforma completamente. «Por tanto, nosotros todos, mirando á cara descubierta […] la gloria del Señor, somos transformados de gloria en gloria en la misma semejanza» (2 Corintios 3:18 rva).

16. Invocar la bendición sacerdotal

El Señor le dijo a Moisés que instruyera a Aarón y a sus hijos: «Diles a Aarón y a sus hijos que impartan la bendición a los israelitas con estas palabras: "El Señor te bendiga y te guarde; el Señor te mire con agrado y te extienda su amor; el Señor te muestre su favor y te conceda la paz"». Dios añadió: «Así invocarán mi nombre sobre los israelitas, para que yo los bendiga» (Números 6:23–27 NVI).

«Así invocarán mi nombre [...] para que yo los bendiga». ¿Quieres saber cómo bendecir verdaderamente a alguien? ¡Así es como se hace! A menudo repetimos esta bendición rápidamente, disfrutando de su belleza trascendente, pero sin meditar en las palabras ni comprender plenamente su significado. Así que echemos un vistazo de cerca.

Al pronunciar la frase «El Señor te bendiga y te guarde», le estás pidiendo a Dios que actúe con abundante bondad hacia alguien y que supla todas sus necesidades, espirituales y físicas. Estás orando para que los proteja del mal, los accidentes y las enfermedades.

Al orar: «El Señor te muestre su favor» y «el Señor te mire con agrado», estás orando para que Dios esté íntimamente involucrado en sus vidas, para que los mire con amor y favor, para que escuche y responda a sus oraciones.

Finalmente, al orar: «te extienda su amor [...] y te conceda la paz», le pides a Dios que los mire con gracia y perdón, lo que les trae paz. También estás orando para que estén concentrados en Dios, su amor y su poder, porque Isaías 26:3 (RVR1960) dice: «Tú guardarás en completa paz a aquel cuyo pensamiento en ti persevera; porque en ti ha confiado».

Dios hizo una promesa concerniente a esta bendición: «Así invocarán mi nombre sobre los israelitas, *para que yo* los bendiga» (énfasis añadido). Pero, cuidado: *no* debes pedir tales bendiciones sobre los malhechores (2 Juan 1:10–11). Orar: «El Señor te bendiga» es invocar el nombre de Dios sobre alguien, y su nombre solo marca verdaderamente a aquellos que lo conocen, a sus hijos. Hablando del cielo, Juan escribió: «[Sus siervos] verán su rostro, y su nombre estará en sus frentes» (Apocalipsis 22:4 RVR1960).

En el cielo, disfrutarás eternamente de la plenitud de la presencia y bendición de Dios. Pero Dios quiere que disfrutes de una buena dosis de ella ahora.

17. Oración para pedir ayuda

Un día todos en el campamento israelita comenzaron a llorar: «¡Quién nos diera a comer carne! Porque nos iba mejor en Egipto» (Números 11:18 LBLA). Al decir «quién» no se referían a Dios. En vez de eso, se enfrentaron a Moisés y se lamentaron: «Danos carne para que comamos» (Números 11:13 LBLA). Insistieron en que Moisés satisficiera su antojo de carne, ¡y ya! Pero, por supuesto, no pudo.

Moisés se desanimó profundamente. Sintiéndose como un miserable fracasado, oró a Dios: «¿Por qué has tratado tan mal a tu siervo? ¿Y por qué no he hallado gracia ante tus ojos para que hayas puesto la carga de todo este pueblo sobre mí? ¿Acaso concebí yo a todo este pueblo? ¿Fui yo quien lo dio a luz para que me dijeras: "Llévalo en tu seno, como la nodriza lleva al niño de pecho, a la tierra que yo juré a sus padres"? ¿De dónde he de conseguir carne para dar a todo este pueblo? [...] Yo solo no puedo llevar a todo este pueblo, porque es mucha carga para mí. Y si así me vas a tratar, te ruego que me mates si he hallado gracia ante tus ojos, y no me permitas ver mi desventura» (Números 11:11–15 LBLA).

Dios no mató a Moisés, le dijo: «Reúneme a setenta hombres de los ancianos de Israel [...] tomaré del Espíritu que está sobre ti y lo pondré sobre ellos, y llevarán contigo la carga del pueblo para que no la lleves tú solo» (Números 11:16–17 LBLA).

Esto puede recordarte a tus hijos, o a las personas que trabajan contigo. En vez de mirar a Dios, dejan sus quejas en tu escritorio. Pero ningún ser humano puede hacer lo imposible. De hecho, incluso ocuparse de cada problema difícil pero posible es demasiado para una persona. Si llevas las cargas de todos, tendrás ganas de rendirte. No puedes «llevarlos en tu seno». Por eso es importante delegar la responsabilidad a otros.

Cuando se sintió un fracaso total, Moisés pidió morir. ¿Alguna vez te has sentido así? Gracias a Dios que él no nos toma la palabra cuando oramos en profunda desesperación. En cambio, mira más allá de nuestro desaliento, ve el problema y envía una solución.

18. ¿Cómo puede Dios hacer eso?

Dios les dijo a los israelitas: «el Señor oyó sus quejidos: "¡Oh, un poco de carne!" [...] Ahora, el Señor les dará carne y tendrán que comérsela. Y no será solo un día, ni dos, ni cinco, ni diez, ni aun veinte. La comerán durante un mes entero, hasta que les produzca náuseas y estén hartos de tanta carne» (Números 11:18–20 NTV).

Moisés, con su limitada comprensión, no podía ver cómo Dios podía proveer así. Dijo: «¡Hay seiscientos mil soldados de infantería aquí conmigo y aun así dices: "Yo les daré carne durante un mes entero"! Aunque matáramos a todos nuestros rebaños y manadas, ¿podría eso satisfacerlos? O si pescáramos todos los peces del mar, ¿alcanzaría?» (Números 11:21–22 NTV). Moisés consideró las únicas opciones que veía disponibles y expresó sus dudas.

El Señor respondió: «¿Acaso mi brazo ha perdido su poder? ¡Ahora verás si mi palabra se cumple o no!» (Números 11:23 NTV).

Dios envió un viento que arrastró grandes bandadas de codornices. Cada primavera emigran de África a Europa y su ruta atraviesa el desierto del Sinaí. Así que Dios trajo *todas* las codornices migratorias de una sola vez y comenzó a golpearlas con fuertes vientos. Las aves agotadas cayeron al suelo dentro del campamento y durante millas en todas las direcciones. ¡Los israelitas salieron y recogieron literalmente toneladas de codornices (Números 11:31–32)!

No fue un pecado que Moisés no pudiera entender cómo Dios haría tal milagro, pero se equivocó al limitar a Dios y asumir que solo había dos maneras de obtener tanta carne como Dios dijo. O bien (a) sacrificar todos sus rebaños y manadas, o (b) pescar todos los peces del mar. Y ninguna de las dos opciones les duraría un mes. Pero todo el tiempo Dios estaba preparando la opción c.

Lo más inteligente que Moisés podía haber hecho era orar y preguntarle a Dios qué iba a hacer. Eso es lo que hizo María. Cuando el ángel Gabriel le dijo: «Y ahora, concebirás en tu vientre, y darás a luz un hijo» María se quedó atónita, así que preguntó: «¿Cómo será esto?» (Lucas 1:31, 34 RVR1960). Gabriel se lo explicó y María, satisfecha, creyó. Moisés también podría haber orado: «¿Cómo vas a hacer esto, Señor?».

19. Intercesión

Etiopía (Cus) estaba al sur de Egipto, y un buen número de etíopes vivían en Egipto. Como resultado, algunos de ellos salieron de Egipto con los israelitas. En algún momento, Moisés tomó a una mujer etíope como segunda esposa. Esto ofendió mucho a María y a Aarón, y encabezaron una rebelión contra él, diciendo: «¿Solamente por Moisés ha hablado Jehová? ¿No ha hablado también por nosotros?» (Números 12:2 RVR1960). Querían que el pueblo los escuchara a ellos, no a Moisés.

Pero Dios les dijo a Moisés, Aarón y María: «Salid vosotros tres al tabernáculo de reunión» (Números 12:4 RVR1960). Allí el Señor descendió en la columna de nube y reprendió a Aarón y a María, informándoles que Moisés era su profeta ungido. No les correspondía a ellos juzgarlo. Así que Dios preguntó: «¿Por qué, pues, no tuvisteis temor de hablar contra mi siervo Moisés?» (Números 12:8 RVR1960).

Entonces la nube se levantó del tabernáculo y, ante sus propios ojos, María se volvió leprosa, blanca como la nieve. Obviamente ella había sido la más directa al criticar a Moisés, así que Dios la puso como ejemplo. Aarón rápidamente pidió perdón por su pecado y el de María y rogó a Moisés que intercediera por ella.

«Entonces Moisés clamó a Jehová, diciendo: Te ruego, oh Dios, que la sanes ahora» (Números 12:13 RVR1960).

Esta es una de las oraciones más cortas de Moisés, pero es obvio que fue suficiente. No podemos leer la emoción de su oración, pero podemos imaginarla. A pesar de sus críticas a Moisés, María era, al fin y al cabo, su hermana mayor, quien, de niña, había vigilado su cuna cuando lo dejaron a la deriva en el Nilo infestado de cocodrilos. Él la amaba profundamente, y ese amor impregnó sus palabras. No es de extrañar que Dios escuchara.

El Señor dijo que sanaría a María… pero solo después de haber vivido como leprosa durante siete días. Así que María fue excluida del campamento por una semana, y los israelitas no continuaron su viaje hasta que la trajeron. ¿Por qué Dios la dejó leprosa tanto tiempo? Porque ella había encabezado una rebelión pública contra Moisés, y esto era un pecado grave. Dios quería que ella —y todos los israelitas— lo entendieran claramente. Se necesitaría tiempo para meditarlo en profundidad.

20. Recordarle a Dios su misericordia

Moisés envió doce espías al norte a Canaán y, después de cuarenta días, regresaron. Diez de ellos informaron que no había forma de que pudieran derrotar a los ejércitos de Canaán. Esto desanimó tanto a los israelitas que clamaron: «¡Ojalá hubiéramos muerto en este desierto! ¿Y por qué nos trae el Señor a esta tierra para caer a espada?» (Números 14:2–3 LBLA). Solo Josué y Caleb insistieron en que, con la ayuda de Dios, podrían conquistar la tierra.

Dios preguntó con enojo: «¿Hasta cuándo me desdeñará este pueblo? ¿Y hasta cuándo no creerán en mí a pesar de todas las señales que he hecho en medio de ellos? Los heriré con pestilencia y los desalojaré» (Números 14:11–12 LBLA). Quería matarlos en el acto.

Pero Moisés oró: «Pero si tú destruyes a este pueblo [...] las naciones que han oído de tu fama, dirán: "Porque el Señor no pudo introducir a este pueblo a la tierra que les había prometido con juramento, por eso los mató en el desierto". Pero ahora, yo te ruego que sea engrandecido el poder del Señor, tal como tú lo has declarado, diciendo: "El Señor es lento para la ira y abundante en misericordia, y perdona la iniquidad y la transgresión". Perdona, te ruego, la iniquidad de este pueblo conforme a la grandeza de tu misericordia, así como has perdonado a este pueblo desde Egipto hasta aquí» (Números 14:15–19 LBLA).

Moisés no solo le dijo a Dios cuán mala impresión daría si aniquilaba a su pueblo, sino que también le recordó que, de hecho, ya había perdonado a los obstinados y dudosos israelitas muchas veces. ¿Por qué destruirlos en este punto después de haber pasado tanto tiempo con ellos y haberlos llevado tan lejos?

Así que el Señor escuchó a Moisés y dijo: «Los he perdonado [...] *pero...*». (Números 14:20–21 LBLA, énfasis añadido). Este fue un «pero» significativo. Ninguno de los rebeldes entraría en la tierra prometida. Dios no los mataría aquí y ahora. Los dejaría morir de viejos. Pero todos morirían, y solo la generación más joven, sus hijos, marcharían para conquistar Canaán. Dios le declaró al pueblo: «tal como habéis hablado a mis oídos, así haré yo con vosotros. En este desierto caerán vuestros cadáveres» (Números 14:28–29 LBLA).

Sin embargo, los diez espías temerosos murieron de inmediato en una plaga.

21. Respuesta inusual a la oración

Después de que la generación más vieja hubiera muerto, era hora de que la generación más joven entrara en Canaán. Pidieron permiso para pasar por Edom, pero los edomitas se negaron. Así que los israelitas se vieron forzados a marchar hacia el sur a través del Arabá, alrededor de Edom. No hay una región más desolada en la tierra, y «se desanimó el pueblo por el camino» (Números 21:4 RVR1960).

Era sofocantemente calurosa y seca. No había agua ni comida. Sin embargo, Dios continuó enviando maná. Pero el pueblo murmuró ante Moisés: «¿Por qué nos hiciste subir de Egipto para que muramos en este desierto? Pues no hay pan ni agua, y nuestra alma tiene fastidio de este pan tan liviano» (Números 21:5 RVR1960).

El maná era todo menos liviano. Rebosaba tanto de valor nutritivo que por sí solo sostenía las necesidades diarias de los israelitas. Dios estaba tan disgustado que envió serpientes a su campamento, que mordieron a la gente. Al poco tiempo se estaban muriendo. Al darse cuenta de su error, corrieron hacia Moisés y confesaron: «Hemos pecado por haber hablado contra Jehová, y contra ti; ruega a Jehová que quite de nosotros estas serpientes» (Números 21:7 RVR1960). Así que Moisés oró por ellos.

La Biblia no nos da sus palabras, pero podemos estar seguros de que Moisés le pidió a Dios que perdonara al pueblo, que echara a las serpientes y que sanara a los que habían sido mordidos. Probablemente no tenía idea de *cómo* Dios sanaría. Él simplemente oró en fe y confió en que Dios haría lo que solo él podía hacer.

Entonces el Señor le ordenó: «Hazte una serpiente ardiente, y ponla sobre una asta; y cualquiera que fuere mordido y mirare a ella, vivirá» (Números 21:8 rvr1960). Moisés probablemente hizo que un orfebre israelita tomara el bastón de bronce más cercano y lo clavara rápidamente como una réplica de una serpiente. Luego lo ataron a un palo alto, y todos los que lo miraban vivían.

Dios podría haber sanado sin ella. Pero en este caso requirió un símbolo visual. Esto muestra la importancia no solo de orar, sino de escuchar la respuesta de Dios. La oración implica más que simplemente hablar con Dios. También hay que escucharlo, ya sea que hable a través de la Biblia o de un amigo, o que imprima una solución en su corazón.

22. No vuelvas a orar por esto

Cuando los hijos de Israel llegaron al desierto de Zin, descubrieron que no había ni una sola gota de agua y comenzaron a quejarse. Así que Dios le dijo a Moisés: «En presencia de esta, tú y tu hermano le ordenarán a la roca que dé agua» (Números 20:8 NVI). Dios quería mostrar su amor por el pueblo. Pero Moisés se enojó y gritó: «¡Escuchen, rebeldes! ¿Acaso tenemos que sacarles agua de esta roca?» (Números 20:10 NVI). Entonces Moisés golpeó la roca con su cayado dos veces, y brotó agua.

El Señor hizo el milagro, pero Moisés había desobedecido. Así que Dios le informó: «Por no haber confiado en mí, ni haber reconocido mi santidad en presencia de los israelitas, no serán ustedes los que lleven a esta comunidad a la tierra que les he dado» (Números 20:12 NVI).

Más tarde Moisés condujo a los israelitas alrededor de Edom hacia el este del río Jordán. La tierra prometida estaba muy cerca. Pero el Señor le dijo a Moisés: «Sube al monte Abarín y contempla desde allí la tierra que les he dado a los israelitas. Después de que la hayas contemplado, partirás de este mundo para reunirte con tus antepasados» (Números 27:12–13 NVI).

Pero Moisés dijo: «Tú, SEÑOR y Dios, has comenzado a mostrarle a tu siervo tu grandeza y tu poder [...]. Déjame pasar y ver la buena tierra al otro lado del Jordán, esa hermosa región montañosa y el Líbano» (Deuteronomio 3:24–25 NVI).

El Señor contestó: «¡Basta ya! No me hables más de este asunto. Sube hasta la cumbre del Pisgá y mira al norte, al sur, al este y al oeste. Contempla la tierra con tus propios ojos, porque no vas a cruzar este río Jordán» (Deuteronomio 3:26–27 NVI).

Cuando los israelitas dudaban, se rebelaban y murmuraban, Dios los perdonaba repetidamente. Pero, aun así, con frecuencia los castigaba con la justa medida, aunque no de inmediato. Esto es lo que hizo con Moisés. Este es el único momento registrado en que Dios se negó a escuchar la oración de Moisés y, de hecho, le ordenó que dejara de orar al respecto. Dios había tomado su decisión, y no quería oír ni una palabra más sobre el asunto.

A veces este también será el caso en tu vida. Tu corazón estará puesto en algo, pero no será la voluntad de Dios para ti. Así que su respuesta será no.

23. Orando por un sucesor

Cuando te das cuenta de que tus días están contados, eso agudiza tus prioridades. Te obliga a concentrarte en los asuntos pendientes. Tratas de dejar tu casa en orden para que tu familia no tenga que revisar un montón de papeles confusos para resolver asuntos personales y de negocios. Si eres un líder, tus pensamientos se dirigen a quién ocupará tu lugar. Esta era la preocupación de Moisés.

Cuando Dios le dijo a Moisés que había llegado su hora de morir, oró: «Oh SEÑOR, tú eres el Dios que da aliento a todas las criaturas. Por favor, nombra a un nuevo hombre como líder de la comunidad. Dales a alguien que los guíe dondequiera que vayan y que los conduzca en batalla, para que la comunidad del Señor no ande como ovejas sin pastor» (Números 27:16–17 NTV).

En respuesta a su oración, el Señor le dijo a Moisés: «Toma a Josué, hijo de Nun, en quien está el Espíritu, y pon tus manos sobre él [...] y públicamente encárgale que dirija al pueblo. Entrégale de tu autoridad para que toda la comunidad de Israel lo obedezca» (Números 27:18–20 NTV). Así que Moisés consagró a Josué como el nuevo líder.

Es muy probable que Moisés tuviera muy claro que Josué sería la elección de Dios. Después de todo, Josué había dirigido los ejércitos de Israel desde el Éxodo cuarenta años antes (Éxodo 17:8–13). Definitivamente podría ser el «que los conduzca en batalla» ahora. Josué había sido el ayudante personal de Moisés desde el principio (Éxodo 24:13) y había aprendido mucho de él. Además, el liderazgo sabio requiere por lo general de un hombre mayor con experiencia, y Josué era uno de los dos únicos ancianos que Dios había prometido que entrarían a la tierra prometida (Números 14:29–30).

Pero en vez de asumir que Josué era el idóneo, Moisés estaba abierto a la elección de Dios. Había sido culpable de haber dado cosas por sentadas en el pasado, pero ahora presentaba el asunto ante el Señor y le permitía elegir. Moisés sabía que Dios a menudo hacía lo inesperado, así que estaba abierto a que Dios nombrara a alguien más. Pero esta vez el Señor operó de acuerdo a las expectativas de Moisés.

Dios puede o no hacer exactamente lo que esperas que haga. Así que, cuando ores, no te limites a presentar tu demanda a Dios e insistir en que él la apruebe. Déjale espacio para trabajar.

24. ¡Deja de orar así!

Después de conquistar Jericó, los israelitas fueron a Hai. Como era una ciudad pequeña, enviaron solo tres mil hombres contra ella. Para su sorpresa, los defensores se lanzaron y mataron a treinta y seis israelitas. Josué se estremeció.

Él y los ancianos se postraron en tierra delante del arca del pacto todo el día. Josué oró: «¡Ah, Señor Dios! ¿Por qué hiciste pasar a este pueblo el Jordán, para entregarnos después en manos de los amorreos y destruirnos? [...] ¡Ah, Señor! ¿Qué puedo decir, ya que Israel ha vuelto la espalda ante sus enemigos? Porque los cananeos y todos los habitantes de la tierra se enterarán de ello, y nos rodearán y borrarán nuestro nombre de la tierra. ¿Y qué harás tú por tu gran nombre?» (Josué 7:7–9 LBLA).

Entonces Dios dijo: «¡Levántate! ¿Por qué estás ahí con tu rostro en tierra? ¡Israel ha pecado y ha roto mi pacto! Robaron de lo que les ordené que apartaran para mí. Y no solo robaron sino que además mintieron [...]. Por esa razón, los israelitas huyen derrotados de sus enemigos [...]. No seguiré más con ustedes a menos que destruyan esas cosas que guardaron y que estaban destinadas para ser destruidas» (Josué 7:10–12 NTV).

Entonces el Señor dirigió a Josué hacia el hombre que había cometido el pecado. Se llamaba Acán, y había tomado un lingote de oro y algún otro botín de Jericó y los había escondido bajo su tienda. Así que Acán y su familia fueron ejecutados.

Cuando Josué y los ancianos estaban orando, no estaban escudriñando sus corazones, preguntando qué pecado había cometido Israel. Todo el día le preguntaban a Dios por qué había hecho esto. Josué incluso insinuó que el Señor tenía la culpa: «¿Por qué hiciste pasar a este pueblo el Jordán, *para* entregarnos después en manos de los amorreos...?». La respuesta de Dios, por lo tanto, fue contundente. «¡Levántate!» Ordenó. Quería que Josué dejara de orar así.

Es importante orar en los momentos difíciles, pero también es importante orar *correctamente*. A menudo es sabio decir: «Examíname, oh Dios, y conoce mi corazón: Pruébame y reconoce mis pensamientos: Y ve si hay en mí camino de perversidad» (Salmos 139:23–24 RVA).

25. Oración corta, respuesta larga

Dios había ordenado a los israelitas no hacer tratados de paz con los cananeos ni los amorreos, sino luchar contra ellos y apoderarse de sus ciudades y tierras. Pero un día algunos amorreos de la ciudad de Gabaón llegaron al campamento israelita, afirmando ser embajadores de un país lejano. Así que Josué hizo un tratado con ellos. Tres días después, cuando descubrieron el engaño, los israelitas quedaron consternados, pero tuvieron que honrar su palabra.

Los otros amorreos estaban furiosos. Decidieron aniquilar a Gabaón por hacer las paces con el enemigo. Pronto los ejércitos de cinco reyes los asediaron. Gabaón le rogó a Israel que los defendiera y, después de una marcha que duró toda la noche, los israelitas atacaron a los amorreos al amanecer. La lucha fue feroz y duró todo el día. Continuó arreciando incluso mientras el sol se ponía.

Josué quería terminar la batalla, así que oró delante de todo el pueblo de Israel: «Sol, detente en Gabaón; y tú, luna, en el valle de Ajalón» (Josué 10:12 RVR1960). Así que el sol se detuvo y la luna permaneció en su lugar. Cuando Dios quiere hacer milagros, es muy capaz de doblegar las leyes de la naturaleza para servir a sus propósitos. Exclamó Jeremías: «¡Oh Señor Jehová! he aquí que tú hiciste el cielo y la tierra con tu gran poder, y con tu brazo extendido, ni hay nada que sea difícil para ti» (Jeremías 32:17 RVR1960).

La Biblia señala: «Y no hubo día como aquel, ni antes ni después de él, habiendo atendido Jehová a la voz de un hombre; porque Jehová peleaba por Israel» (Josué 10:14 RVR1960). Dios estaba decidido a derrotar a los amorreos. Mientras este extraño día se negaba a terminar, los amorreos rompieron filas y huyeron, y Dios envió una terrible tormenta de granizo —algo por lo que ni siquiera Josué había orado— que golpeó a los amorreos. De hecho, el granizo mató a más enemigos que los israelitas.

Dios respondió de manera tan asombrosa a la oración de Josué no solo por su gran fe, sino porque era la *voluntad* implícita de Dios que los amorreos fueran derrotados. Este es un principio importante que debemos tener en cuenta. Cuando oramos: «si pedimos alguna cosa *conforme a su voluntad*, él nos oye. Y si sabemos que él nos *oye* en cualquiera cosa que pidamos, sabemos que *tenemos* las peticiones que le hayamos hecho» (1 Juan 5:14–15 RVR1960, énfasis añadido).

26. Oraciones educadas de protesta

Por siete años seguidos, cada vez que tocaba la siega del trigo, los madianitas habían arrasado el desierto, invadido a Israel y desolado completamente el país. Tenían grandes rebaños y manadas que se comían todas las cosechas y pisoteaban lo que no comían. Los israelitas se vieron obligados a huir de sus granjas para refugiarse en las hendiduras de las montañas, cuevas y fortalezas. En su desesperación, clamaron a Dios.

Un día vino el ángel del Señor y se sentó debajo de un roble en Ofra, donde un hombre llamado Gedeón estaba trillando trigo en secreto para esconderlo de los madianitas. El ángel del Señor era Dios mismo en forma física. Se le había aparecido a Abraham siglos antes, y Abraham se había dado cuenta de que era el Señor, pero Gedeón pensó que era simplemente un hombre.

Dios anunció: «¡El Señor está contigo, guerrero valiente!» (Jueces 6:12 NVI).

Gedeón dudaba, pero al menos fue educado al respecto. «Pero, señor —replicó Gedeón—, si el Señor está con nosotros, ¿cómo es que nos sucede todo esto? ¿Dónde están todas las maravillas que nos contaban nuestros padres, cuando decían: "¡El Señor nos sacó de Egipto!"? ¡La verdad es que el Señor nos ha desamparado y nos ha entregado en manos de Madián!» (Jueces 6:13 NVI).

El Señor dijo: «Ve con la fuerza que tienes, y salvarás a Israel del poder de Madián. Yo soy quien te envía» (Jueces 6:14 NVI).

¿Fuerza? Se preguntaba Gedeón. «Pero, señor […] ¿cómo voy a salvar a Israel? Mi clan es el más débil de la tribu de Manasés, y yo soy el más insignificante de mi familia» (Jueces 6:15 NVI).

«El Señor respondió: Tú derrotarás a los madianitas como si fueran un solo hombre, porque yo estaré contigo» (Jueces 6:16 NVI). Cuando Gedeón tuvo el coraje de dirigir un ejército contra ellos: «Los madianitas fueron sometidos delante de los israelitas, y no volvieron a levantar cabeza. Y durante cuarenta años, mientras vivió Gedeón, el país tuvo paz» (Jueces 8:28 NVI).

Se puede excusar a Gedeón por no reconocer a Dios. El Señor también pasó por alto sus dudas. Gedeón no se sentía a la altura de la tarea, y su conversación con Dios fue sincera y humilde. Es muy probable que por eso Dios lo eligiera, para mostrar lo que podía hacer con un mortal limitado y débil. Recuerda, ni siquiera Moisés se sentía a la altura de la tarea que Dios tenía para él.

27. Poner vellones

Gedeón sospechó finalmente que el «hombre» que hablaba con él era Dios, así que dijo: «muéstrame una señal de que eres tú el que hablas conmigo» (Jueces 6:17 LBLA).

Entonces Gedeón preparó una cabra y pan. Dios dijo: «Toma la carne y el pan sin levadura, ponlos sobre esta peña» (Jueces 6:20 LBLA). Lo hizo. Entonces Dios los tocó con su cayado, y el fuego ardió desde la roca y los consumió. Luego desapareció. Gedeón exclamó: «¡Ay de mí, SEÑOR Dios! Porque ahora he visto al ángel del SEÑOR cara a cara» El Señor dijo: «La paz sea contigo […] no morirás» (Jueces 6:22–23 LBLA).

Más tarde, al prepararse para la batalla, Gedeón dijo: «Si has de librar a Israel por mi mano, como has dicho, he aquí, yo pondré un vellón de lana en la era. Si hay rocío solamente en el vellón y toda la tierra queda seca, entonces sabré que librarás a Israel por mi mano, como has dicho» (Jueces 6:36–37 LBLA). Por supuesto, cuando se levantó temprano a la mañana siguiente y apretó el vellón, drenó un tazón lleno de agua.

Entonces Gedeón dijo: «No se encienda tu ira contra mí […] te ruego que me permitas hacer otra vez una prueba con el vellón; que ahora quede seco el vellón y haya rocío en toda la tierra» (Jueces 6:39 LBLA). De nuevo, Dios hizo un milagro. Solo estaba seco en el vellón, y el rocío estaba en todo el suelo.

Después de que Dios vaporizara el sacrificio y el pan de Gedeón, y desapareciera, Gedeón *supo* que se trataba de Dios Todopoderoso. Algunos critican a Gedeón por pedir pruebas adicionales de que Dios estaría con él. Después de todo, Dios ya lo había dicho claramente.

Aunque es verdad que Gedeón estaba temeroso y vacilante, recuerda que Dios nunca lo reprendió por ello. Conocía su debilidad y trabajaba con él. De hecho, Dios más tarde le dio otra señal para animarlo, una que Gedeón ni siquiera había pedido (Jueces 7:9–15).

Es bíblico «poner vellones delante del Señor», para pedir señales que ayuden a determinar cuál es Su voluntad. Solo recuerda que debes mantener tu palabra y aceptar la señal que pediste. No lances una moneda al aire y luego aceptes la «respuesta» solamente si es la que esperabas.

28. Oraciones de Sansón

Sansón es conocido por sus asombrosas hazañas de fuerza, no por sus oraciones. Sin embargo, este asombroso forzudo oraba en tiempos de necesidad. Después de matar a mil soldados filisteos con la mandíbula de un asno, Sansón tuvo tanta sed que estuvo a punto de morir. Le rogó al Señor: «Tú has dado esta grande salvación por mano de tu siervo; ¿y moriré yo ahora de sed, y caeré en mano de los incircuncisos?». Así que Dios abrió un hueco, salió agua, y Sansón bebió y se reanimó. (Jueces 15:18–19 RVR1960).

Sansón oró su más famosa plegaria después de que Dalila lo traicionó a los filisteos. Le cortaron el pelo, y su gran fuerza lo dejó; luego lo cegaron. Poco después, los filisteos se reunieron para ofrecer un sacrificio a Dagón su dios, jactándose de que había entregado a Sansón en sus manos. Entonces sacaron a Sansón de la cárcel y lo hicieron actuar para ellos. Esto probablemente consistía en golpear repetidamente al pobre ciego.

Luego lo colocaron entre los pilares que sostenían el techo del templo. Todos los señores de los filisteos estaban en el tejado, unos tres mil hombres y mujeres. El templo inferior también estaba lleno de gente. Entonces Sansón clamó al Señor, diciendo: «Señor Jehová, acuérdate ahora de mí, y fortaléceme, te ruego, solamente esta vez, oh Dios, para que de una vez tome venganza de los filisteos por mis dos ojos» (Jueces 16:28 RVR1960).

Sansón puso sus manos sobre las dos columnas, una a su derecha y la otra a su izquierda. Terminó su oración diciendo: «Muera yo con los filisteos» (Jueces 16:30 RVR1960). Luego empujó con todas sus fuerzas y todo el templo se derrumbó. Los filisteos que Sansón mató a su muerte eran más que todos los que había matado en su vida. Ya con sus líderes muertos, los filisteos comenzaron a perder su control sobre Israel.

Sansón sabía que su asombrosa fuerza provenía del Señor, así que finalmente dependía de él, no de sus músculos. Tú también debes buscar el rostro del Señor y orar y esperar pacientemente a que actúe. «El da esfuerzo al cansado, y multiplica las fuerzas al que no tiene ningunas. Los muchachos se fatigan y se cansan, los jóvenes flaquean y caen; pero los que esperan a Jehová tendrán nuevas fuerzas» (Isaías 40:29–31 RVR1960).

29. Orar cuando se está profundamente desanimado

En Guibeá, ciudad de la tribu de Benjamín, se había cometido un crimen terrible: la concubina de un hombre había sido maltratada toda la noche y había muerto por la mañana. Se convocó a los ejércitos de Israel para que decidieran qué hacer al respecto. Enviaron una delegación a Benjamín, exigiendo que entregaran a los criminales, pero los benjaminitas se negaron. En vez de eso, se prepararon para la guerra.

Así que los israelitas oraron a Dios: «¿Cuál de nosotros será el primero en combatir a los de la tribu de Benjamín? El Señor respondió: Judá será el primero» (Jueces 20:18 NVI). La batalla que siguió fue un desastre. Los benjaminitas exterminaron a 22.000 hombres de Israel.

Atónitos, los israelitas lloraron delante de Dios hasta el atardecer y preguntaron al Señor. ¿No estaban los benjaminitas equivocados? ¿No estaban los ejércitos de Israel haciendo lo correcto al tratar de vengar una injusticia? ¿Por qué entonces Dios había permitido tal derrota? Así que oraron: «¿Debemos subir y volver a luchar contra los de Benjamín, nuestros hermanos? Y el Señor les había contestado: Suban contra ellos» (Jueces 20:23 NVI). Los israelitas se animaron unos a otros y salieron a la batalla otra vez. Pero, para su sorpresa, fueron derrotados *de nuevo*. Los benjaminitas mataron a 18.000 hombres más.

Esta vez, todo el ejército se sentó a llorar delante del Señor. Estaban profundamente desanimados, así que ayunaron hasta la noche y presentaron ofrendas al Señor. Entonces los israelitas oraron: «¿Debemos subir y volver a luchar contra los de Benjamín, nuestros hermanos, o nos retiramos? El Señor respondió: Suban, porque mañana los entregaré en sus manos» (Jueces 20:28 NVI).

Los israelitas salieron de nuevo a la batalla. Esta vez tendieron una emboscada contra Guibeá, y, después de que los benjaminitas salieron corriendo a pelear, los israelitas atacaron y quemaron su ciudad desprotegida. Entonces atacaron a los benjaminitas, que fueron derrotados y huyeron.

Se requirió una fe tremenda para levantarse y luchar contra los benjaminitas por tercera vez. Mucha gente se habría dado por vencida para entonces, pensando que Dios los había abandonado. Cuando las cosas van mal y Dios no parece responder a tus oraciones, la tentación de dejar de intentarlo puede ser grande. Puedes preguntarte si oíste hablar a Dios desde el principio. Pero, si la respuesta de Dios continúa, ¡no te rindas! Solo necesitas seguir orando, seguir intentándolo y seguir creyendo en Dios.

30. Oración en la angustia

Había un hombre llamado Elcana que tenía dos esposas. Su esposa Penina tuvo varios hijos, pero Ana no tuvo ninguno y Penina se burlaba de ella por esto, provocando su llanto. Una vez, cuando visitaban el tabernáculo, Ana, llena de tristeza, se levantó para orar. «Ana, con una profunda angustia, lloraba amargamente mientras oraba al Señor e hizo el siguiente voto: "Oh Señor de los Ejércitos Celestiales, si miras mi dolor y contestas mi oración y me das un hijo, entonces te lo devolveré. Él será tuyo durante toda su vida"» (1 Samuel 1:10–11 NTV).

El sacerdote Elí la vio orar, pero, aunque sus labios se movían, no salía ningún sonido de su boca. Pensó que estaba borracha y la reprendió, pero, cuando le explicó que estaba orando por una profunda angustia en el alma, Elí le dijo: «¡ve en paz! Que el Dios de Israel te conceda lo que le has pedido» (1 Samuel 1:17 NTV).

Dios escuchó la oración de Ana y le dio un hijo, y ella lo llamó Samuel. Ana cumplió su palabra y, cuando Samuel era todavía un niño pequeño, lo llevó al tabernáculo para servir al Señor. Cada vez que ella lo visitaba, Elí la bendecía a ella y a Elcana, diciendo: «Que el Señor les dé otros hijos para que tomen el lugar de este que ella entregó al Señor» (1 Samuel 2:20 NTV). Dios también respondió a esta oración, y Ana concibió y dio a luz a tres hijos y dos hijas más.

La silenciosa oración de angustia de Ana nos recuerda lo que Pablo escribió: «el Espíritu nos ayuda en nuestra debilidad; pues qué hemos de pedir como conviene, no lo sabemos, pero el Espíritu mismo intercede por nosotros con gemidos indecibles» (Romanos 8:26 RVR1960). A menudo los «gemidos indecibles» son peticiones que no pueden ser rechazadas. Pero, como Ana, es posible que necesites perseverar en la oración acerca de estas cosas, año tras año.

Habrá momentos en los que las cargas y las penas que soportas parecerán insoportables. Tal vez derramas constantemente tu corazón con lágrimas por un hijo descarriado o agonizas por una relación rota. Puede parecer que tus repetidas peticiones están cayendo en oídos sordos, pero Dios oye, y a su debido tiempo responderá.

31. Ana alaba a Dios

Cuando Samuel tenía unos cuatro años, Ana y Elcana lo trajeron a Elí, y ella dijo: «yo soy la mujer que estuvo aquí junto a ti orando al Señor. Por este niño oraba, y el Señor me ha concedido la petición que le hice. Por lo cual [...] todos los días de su vida estará dedicado al Señor» (1 Samuel 1:26–28 lbla).

Entonces Ana fue ungida por el Espíritu para proclamar una hermosa profecía:

«Mi corazón se regocija en el Señor, mi fortaleza en el Señor se exalta; mi boca sin temor habla contra mis enemigos, por cuanto me regocijo en tu salvación. No hay santo como el Señor; en verdad, no hay otro fuera de ti, ni hay roca como nuestro Dios [...]. Aun la estéril da a luz a siete, mas la que tiene muchos hijos languidece [...]. El Señor empobrece y enriquece; humilla y también exalta. Levanta del polvo al pobre, del muladar levanta al necesitado para hacerlos sentar con los príncipes, y heredar un sitio de honor [...]. Él guarda los pies de sus santos, mas los malvados son acallados en tinieblas, pues no por la fuerza ha de prevalecer el hombre» (1 Samuel 2:1–2, 5, 7–9 lbla).

Entonces Ana y Elcana se fueron a casa, y Samuel se quedó y ministró al Señor.

Hay una asombrosa similitud entre la oración profética de alabanza de Ana y el Magníficat que María pronunció muchos siglos después (ver Lucas 1:46–55). En ambos casos, se prometió un hijo a mujeres profundamente espirituales. Ambos hijos estaban dedicados al servicio de Dios. Samuel creció para ser el juez más grande de Israel; Jesús era el Mesías esperado. Ambos niños «crecía en estatura y en gracia para con el Señor y para con los hombres» (1 Samuel 2:26 LBLA; ver Lucas 2:52).

Esta historia demuestra claramente que Dios responde a las oraciones de los humildes —aquellos que son de poca importancia a los ojos del hombre— y las usa poderosamente para su gloria. Ana no era una mujer educada, pero era profundamente espiritual, y sus pruebas la habían acercado a Dios. Si no te ves como alguien especial, anímate: Dios te ve, te ama, y tus oraciones pueden mover su mano para hacer grandes milagros.

32. Orar para que Dios hable

Samuel sirvió fielmente al Señor. En aquellos días casi no había profetas, y Dios pocas veces hablaba. Sucedió una noche, antes de que la lámpara de Dios se apagara en el tabernáculo donde estaba el arca del pacto, que Elí estaba acostado en su aposento y el niño Samuel estaba en el suyo. Entonces el Señor dijo el nombre de Samuel. Él contestó: «Heme aquí» (1 Samuel 3:4 RVR1960). No hubo respuesta, así que se levantó y corrió hacia Elí.

Entrando en su habitación, Samuel dijo: «Heme aquí; ¿para qué me llamaste? Y Elí le dijo: Yo no he llamado; vuelve y acuéstate» (1 Samuel 3:5 RVR1960). Desconcertado, Samuel regresó a su cuarto y volvió a la cama.

Entonces el Señor llamó de nuevo: «Samuel». Nuevamente, Samuel se levantó, fue a Elí, y dijo: «Heme aquí; ¿para qué me has llamado? Y él dijo: Hijo mío, yo no he llamado; vuelve y acuéstate» (1 Samuel 3:6 RVR1960).

Entonces el Señor llamó a Samuel por tercera vez. De nuevo se levantó, fue a Elí y dijo: «Heme aquí; ¿para qué me has llamado?». Entonces Eli se dio cuenta de que Dios había llamado al niño. Así que Eli le dijo: «Ve y acuéstate; y si te llamare, dirás: Habla, Jehová, porque tu siervo oye» (1 Samuel 3:8–9 RVR1960). Samuel regresó y se acostó.

Entonces el Señor vino y se paró en el cuarto de Samuel y volvió a llamarlo: «Samuel, Samuel». Y Samuel respondió: «Habla, porque tu siervo oye» (1 Samuel 3:10 RVR1960).

El Señor le dijo a Samuel que juzgaría al anciano sacerdote Elí y a sus hijos por sus pecados. Dios había enviado un profeta en el pasado para advertir a Elí, pero no se había arrepentido ni había obedecido (1 Samuel 2:27–36). Dios juzgó a Elí y a sus hijos algunos años después y luego usó a Samuel para guiar a la gente de regreso a él.

Dios aún habla hoy, normalmente no de forma audible, como hizo con Samuel, sino en «un silbo apacible» (1 Reyes 19:12 RVA), grabando un mensaje en tu corazón. Además, Jesús prometió: «él [el Espíritu Santo] les enseñará todo y les recordará cada cosa que les he dicho» (Juan 14:26 NTV). Por eso Dios a menudo trae a tu mente algún pasaje de la Biblia.

Pero tienes que rendir tu voluntad a Dios. Una de las mejores cosas que puedes hacer es orar con sinceridad: «Por favor, Señor, habla. Te escucho y te obedeceré».

33. Oración en la cueva de Adulán

El título de Salmos 142 dice: «*Masquil* de David. Cuando estaba en la cueva. Oración» (NVI). Esto lo convierte en uno de los primeros salmos de David, escrito cuando estaba escondido en la cueva de Adulán (1 Samuel 22:1), cerca de la ciudad del mismo nombre. Este breve salmo es una oración intensa y emotiva. David escribió:

«A voz en cuello, al Señor le pido ayuda; a voz en cuello, al Señor le pido compasión. Ante él expongo mis quejas; ante él expreso mis angustias. Cuando ya no me queda aliento, tú me muestras el camino. Por la senda que transito algunos me han tendido una trampa. Mira a mi derecha, y ve: nadie me tiende la mano. No tengo dónde refugiarme; por mí nadie se preocupa. A ti, Señor, te pido ayuda; a ti te digo: "Tú eres mi refugio, mi porción en la tierra de los vivientes". Atiende a mi clamor, porque me siento muy débil; líbrame de mis perseguidores, porque son más fuertes que yo. Sácame de la prisión, para que alabe yo tu nombre» (Salmos 142:1–7 NVI).

David probablemente se trasladó a la cueva cuando comenzó la temporada de lluvias, cuando la vida al aire libre era muy dura. Durante los meses siguientes, él y sus hombres se escondieron en la húmeda caverna. En Israel, a menudo llueve intensamente durante tres días sin parar. Tal vez pienses que vivir en una cueva es divertido, pero David se quejó de que era como una prisión (v. 7). Sí, David se quejó, pero derramó su queja ante Dios, no ante la gente (v. 2).

David había sido un héroe muy querido y elogiado en Israel. Fue difamado, y el rey Saúl y su ejército lo perseguían, tratando de matarlo. Había sido forzado a huir, dejando a su esposa Mical. Fue en este contexto cuando oró a Dios: «Tú eres mi refugio, mi porción en la tierra de los vivientes». Dios era todo lo que le quedaba a David. Así que acudió a él en busca de ayuda.

David estaba profundamente desanimado, sin embargo, oró: «Cuando ya no me queda aliento, tú me muestras el camino». Sabía que Dios estaba con él. Tú también puedes estar seguro de esta realidad: «Jamás te abandonaré» (Hebreos 13:5 NTV).

34. David busca una guía precisa

Un día, David y sus hombres con todas sus esposas e hijos empacaron todas sus pertenencias y abandonaron la cueva de Adulán. Viajaron hacia el sur y acamparon en el bosque de Haret. Al poco tiempo, se enteraron de una noticia inquietante: un ejército de filisteos estaba atacando la ciudad israelita de Keila, a pocos kilómetros al sur.

«Entonces David le preguntó al Señor: "¿Debo ir y atacarlos?". "Sí, ve y salva a Keila —le dijo el Señor. Pero los hombres de David le dijeron: "Tenemos miedo incluso aquí en Judá. ¡De ninguna manera queremos ir a Keila para luchar contra todo el ejército filisteo!". Así que David consultó de nuevo al Señor, y de nuevo el Señor respondió: "Desciende a Keila, porque yo te ayudaré a conquistar a los filisteos"» (1 Samuel 23:2-4 ntv).

Entonces David y sus hombres marcharon a Keila, derrotaron a los filisteos y rescataron al pueblo del lugar. Sin embargo, Saúl no tardó en saber dónde estaba David, así que movilizó a todo su ejército para ir a Keila.

Pero David se enteró del plan de Saúl y oró: «"Oh Señor, Dios de Israel, he oído que Saúl piensa venir a Keila y destruirla porque yo estoy aquí. ¿Me traicionarán los líderes de Keila y me entregarán a él? ¿Y de verdad vendrá Saúl, como me han informado? Oh Señor, Dios de Israel, te ruego que me digas". Y el Señor le dijo: "Él vendrá". De nuevo David preguntó: "¿Me traicionarán los líderes de Keila a mí y a mis hombres para entregarnos a Saúl?". Y el Señor le contestó: "Sí, ellos los traicionarán"» (1 Samuel 23:10-12 ntv).

Con respuestas tan claras, David sabía que tenía que irse inmediatamente. Así que él y sus hombres dejaron la ciudad y comenzaron a vagar por el campo. A Saúl le llegó la noticia de que David había escapado, así que al final no fue a Keila.

Probablemente *te* gustaría poder escuchar respuestas tan claras y específicas. Si simplemente pudieras escuchar de Dios lo que tienes que hacer, la vida sería mucho más fácil y evitarías pérdidas y desastres. La buena noticia es que Dios te prometió que te guiaría a ti también. Solo tienes que orar de todo corazón y esperar pacientemente su respuesta. «Fíate de Jehová de todo tu corazón, y no te apoyes en tu propia prudencia. Reconócelo en todos tus caminos, y él enderezará tus veredas» (Proverbios 3:5–6 RVR1960).

35. Oración en las fauces de la muerte

David y sus hombres merodeaban por la árida región montañosa del desierto de Zif en Hores. Saúl lo buscaba día tras día, pero David estaba consciente de que Saúl lo perseguía, así que se mantenía un paso por delante de él.

«Entonces subieron los de Zif a Saúl en Guibeá diciendo: ¿No está David escondido entre nosotros en los refugios en Hores [...]? Ahora bien, oh rey, desciende [...] y nuestra parte será entregarlo en manos del rey» (1 Samuel 23:19-20 LBLA). Saúl se alegró y les dijo que averiguaran todos los escondites de David y que le informaran. Luego él vendría.

Fue en este punto cuando David, desesperado por ayuda, escribió Salmos 54. El título dice: «Masquil de David, cuando los zifeos vinieron y dijeron a Saúl: ¿No está David escondido entre nosotros?» David oró:

«¡Sálvame! Oh Dios, por tu nombre, y hazme justicia con tu poder. Escucha mi oración, oh Dios, presta oído a las palabras de mi boca. Porque extraños se han levantado contra mí, y hombres violentos buscan mi vida; no han puesto a Dios delante de sí. (Selah) He aquí, Dios es el que me ayuda; el Señor es el que sostiene mi alma. El devolverá el mal a mis enemigos; destrúyelos por tu fidelidad [...] alabaré tu nombre, oh Señor, porque es bueno. Porque Él me ha librado de toda angustia, y mis ojos han visto a mis enemigos derrotados» (Salmos 54:1-7 LBLA).

Cuando Saúl y sus hombres vinieron, algunos israelitas se lo dijeron a David, y él fue al desierto de Maón. Saúl oyó a dónde había ido, lo persiguió y muy pronto estaba pisándole los talones. Saúl y su ejército corrían por un lado del monte, y David y sus hombres corrían por el otro lado. David se apresuró a escapar porque Saúl y su ejército lo rodeaban a él y a sus hombres para apoderarse de ellos.

Pero justo cuando Saúl casi los había atrapado, un mensajero corrió hacia Saúl, sin aliento, diciendo: «Apresúrate y ven, pues los filisteos han hecho una incursión en la tierra» (1 Samuel 23:27 LBLA). Saúl no tuvo elección. Dejó de perseguir a David y se apresuró hacia el norte para luchar contra los filisteos.

En el último momento, Dios respondió a la oración de David y lo rescató.

36. Oración por protección y orientación

Cuando Saúl estaba persiguiendo a David y muchos israelitas estaban dispuestos a traicionarlo, David no estaba seguro a dónde volverse ni en quién confiar. Se quejó: «apenas hay un paso entre mí y la muerte» (1 Samuel 20:3 RVR1960). Así que oró:

«Oh Jehová, oye mi oración, escucha mis ruegos [...] Porque ha perseguido el enemigo mi alma [...] Y mi espíritu se angustió dentro de mí; Está desolado mi corazón [...] Respóndeme pronto, oh Jehová, porque desmaya mi espíritu; No escondas de mí tu rostro, No venga yo a ser semejante a los que descienden a la sepultura. Hazme oír por la mañana tu misericordia, Porque en ti he confiado; Hazme saber el camino por donde ande, Porque a ti he elevado mi alma. Líbrame de mis enemigos, oh Jehová; En ti me refugio. Enséñame a hacer tu voluntad, porque tú eres mi Dios; Tu buen espíritu me guíe a tierra de rectitud» (Salmos 143:1, 3, 4, 7–10 RVR1960).

Es posible que no tengas un enemigo que te persiga, pero puedes estar deambulando en el desierto de una economía turbulenta, sin saber qué camino seguir o qué decisión tomar. Un camino lleva al éxito y otro conduce a grandes dificultades… pero ambas opciones parecen idénticas. Así que, como David, oras con desesperación: «Enséñame a hacer tu voluntad, porque tú eres mi Dios».

Aún más esencial que las buenas decisiones financieras, necesitas saber cómo vivir bajo principios de Dios. Si el Señor es tu Dios, el centro de tu vida, buscarás su voluntad, y él te mostrará.

«Hazme saber el camino por donde ande, porque a ti he elevado mi alma». Después de asegurarte de que tu vida espiritual está sobre los cimientos correctos, puedes pedirle con confianza a Dios que te guíe en asuntos prácticos. Él ha prometido: «Encomienda a Jehová tu camino, y confía en él; y él hará» (Salmos 37:5 RVR1960).

«Líbrame de mis enemigos, oh Jehová; En ti me refugio». La Biblia promete: «Porque has puesto a Jehová [...] por tu habitación, no te sobrevendrá mal» (Salmos 91:9–10 RVR1960). Pero debes *permanecer* continuamente en Dios para que esta promesa se cumpla.

37. Animado para orar

David y sus hombres habían dejado a sus esposas e hijos en Siclag, y, en su ausencia, los invasores amalecitas atacaron, quemaron la ciudad y se llevaron todo. Cuando los hombres de David regresaron, se quedaron conmocionados. Lloraron a mares hasta que se quedaron sin lágrimas. Estaban tan dolidos que hablaron de apedrearlo. David estaba muy angustiado, pero, en vez de rendirse y hundirse, «se fortaleció en Jehová su Dios» (1 Samuel 30:6 RVR1960).

David le preguntó entonces a Dios: «¿Perseguiré a estos merodeadores? ¿Los podré alcanzar? Y él le dijo: Síguelos, porque ciertamente los alcanzarás, y de cierto librarás a los cautivos» (1 Samuel 30:8 RVR1960).

Así que David y sus hombres comenzaron a rastrear a los asaltantes. Por el camino, encontraron a un egipcio medio muerto y, después de interrogarlo, David se enteró de que había sido un esclavo amalecita al que su amo había abandonado por enfermarse. El egipcio confesó que habían atacado Siclag.

David le preguntó: «¿Me llevarás tú a esa tropa?». El egipcio respondió: «Júrame por Dios que no me matarás, ni me entregarás en mano de mi amo, y yo te llevaré a esa gente» (1 Samuel 30:15 RVR1960). Así que los condujo al campamento de los amalecitas, y allí estaban, dispersos y con la guardia baja, comiendo, bebiendo y bailando, regocijándose por todo el botín que habían tomado.

Los hombres de David los atacaron desde el crepúsculo hasta la tarde del día siguiente. Derrotaron por completo a los amalecitas y recuperaron todo lo que se habían llevado. No faltaba nada de lo que les habían quitado. Recuperaron todo. ¡Qué respuesta tan poderosa a la oración!

A veces sufrirás un desastre y te sentirás abrumado. Tal vez pecaste y le fallaste a Dios, y ahora el diablo está tratando de convencerte de que Dios está obligado a ignorar tu oración y castigarte; de modo que deberías abandonar y no molestarte en orar. Esta es una de sus mentiras más astutas. En vez de eso, haz como hizo David: «David se fortaleció en Jehová su Dios», recordándose a sí mismo que Dios lo amaba, y no solo eso, sino que Dios podía hacer lo imposible. Una vez asegurados estos dos hechos, David se animó a orar y a creer en un milagro.

Así que no te rindas, no dejes de confiar en el Señor y vuélvete a él en oración.

38. Cántico de alabanza de David

Después de derrotar a los amalecitas, y con Saúl muerto, David fue a Hebrón, donde lo coronaron rey de Judá. Luego se vio envuelto en una guerra civil de siete años con las tribus del norte. Tan pronto como David fue proclamado rey de todo Israel, los filisteos lo invadieron. David los derrotó, pero luego se vio abocado a luchar contra varias otras naciones. A pesar de muchos problemas y algunas derrotas, David consiguió grandes victorias.

«David entonó este cántico al Señor el día que el Señor lo rescató de todos sus enemigos y de Saúl. Cantó así: "El Señor es mi roca, mi fortaleza y mi salvador; mi Dios, mi roca, en quien encuentro protección. Él es mi escudo, el poder que me salva y mi lugar seguro. Él es mi refugio, mi salvador, el que me libra de la violencia. Clamé al Señor, quien es digno de alabanza, y me salvó de mis enemigos"» (2 Samuel 22:1–4 NTV).

David oró: «Oh Señor, tú eres mi lámpara; el Señor ilumina mi oscuridad. Con tu fuerza puedo aplastar a un ejército [...]. Me has dado tu escudo de victoria; tu ayuda me ha engrandecido. Has trazado un camino ancho para mis pies a fin de evitar que resbalen [...]. Me has armado de fuerza para la batalla; has sometido a mis enemigos debajo de mis pies [...]. Por eso, oh Señor, te alabaré entre las naciones; cantaré alabanzas a tu nombre. Le das grandes victorias a tu rey; le muestras inagotable amor a tu ungido» (2 Samuel 22:29–30, 36–37, 40, 50–51 NTV).

David recibió una ayuda maravillosa y sabía que Dios merecía la alabanza por sus grandes victorias. Pero tal vez te preguntes si este salmo triunfante se aplica a tu vida. Es posible que te sientas derrotado, frustrado y ansioso de un cambio radical. Recuerda, David también estuvo a menudo al borde de la derrota (2 Samuel 22:5–7, 18–19), pero oró y Dios le trajo éxito una y otra vez.

Pablo escribió: «Mas a Dios gracias, el cual nos lleva *siempre* en triunfo en Cristo Jesús» (2 Corintios 2:14 RVR1960, énfasis añadido). Y «Por causa de ti somos muertos todo el tiempo [...]. Antes, *en todas estas cosas* somos más que vencedores por medio de aquel que nos amó» (Romanos 8:36–37 RVR1960, énfasis añadido).

39. Dios, cumple tus promesas

Un día, David le dijo al profeta Natán que deseaba construir un templo para el Señor. Al día siguiente, Natán regresó a David con un mensaje de Dios: uno de sus hijos —no el propio David— edificaría una casa para Dios. Pero Dios construiría la casa *de David*. Natán profetizó: «El Señor también te hace saber que el Señor te edificará una casa [...] Tu casa y tu reino permanecerán para siempre delante de mí; tu trono será establecido para siempre» (2 Samuel 7:11, 16 lbla).

Profundamente conmovido, David oró: «Oh Señor Dios, confirma para siempre la palabra que has hablado acerca de tu siervo y acerca de su casa, y haz según has hablado [...] y que la casa de tu siervo David sea establecida delante de ti [...]. Porque tú, oh Señor de los ejércitos, Dios de Israel, has revelado a tu siervo, diciendo: "Yo te edificaré casa"; por tanto, tu siervo ha hallado ánimo para elevar esta oración a ti. Ahora pues, oh Señor Dios, tú eres Dios, tus palabras son verdad y tú has prometido este bien a tu siervo. Y ahora, ten a bien bendecir la casa de tu siervo, a fin de que permanezca para siempre delante de ti; porque tú, oh Señor Dios, has hablado y con tu bendición será bendita para siempre la casa de tu siervo» (2 Samuel 7:25–26, 27–29 lbla).

Por supuesto, Dios se encargó de que la casa de David (su trono y reino) perdurara eternamente en Jesús el Mesías (Salmos 89:3–4; Lucas 1:32).

Observa que David repitió su petición cuatro veces. Algunas personas piensan que toda la oración de David fue innecesaria, que no tenía que haberse molestado en pedírselo a Dios ni una sola vez. Si Dios había prometido que la casa de David duraría para siempre, ¿por qué pedirle que cumpliera esta promesa? Pero la Biblia dice: «coadjutores somos de Dios» (1 Corintios 3:9 RVA). Dios quiere que nos movamos en oración y le imploremos que cumpla sus promesas.

Después de todo, Dios le había dicho a Saúl: «no guardaste el mandamiento de Jehová tu Dios [...] pues ahora Jehová hubiera confirmado tu reino sobre Israel para siempre. Mas ahora tu reino no será duradero» (1 Samuel 13:13–14 RVR1960). David sabía que él también podía perder la promesa por desobediencia, negligencia y falta de oración, y no quería arriesgarse.

40. Arrepentirse de pecados graves

Una tarde de primavera, mientras su ejército estaba en guerra, David caminaba en la azotea de su palacio. Miró hacia la terraza de un patio cercano y vio a una belleza desnuda llamada Betsabé. David hizo que sus siervos la trajeran, y cometió adulterio con ella. Al quedar embarazada, intentó que su marido, Urías, se acostara con ella para que pensara que el niño era suyo. Cuando eso falló, David hizo matar a Urías (2 Samuel 11:1–27).

El profeta Natán confrontó a David acerca de estos crímenes, y, vencido por el remordimiento, se arrepintió y oró:

«Ten piedad de mí, oh Dios, conforme a tu misericordia; conforme a la multitud de tus piedades borra mis rebeliones. Lávame más y más de mi maldad, y límpiame de mi pecado. Porque yo reconozco mis rebeliones, y mi pecado está siempre delante de mí [...]. He aquí, en maldad he sido formado, y en pecado me concibió mi madre [...]. Lávame, y seré más blanco que la nieve [...]. Esconde tu rostro de mis pecados, y borra todas mis maldades. Crea en mí, oh Dios, un corazón limpio, y renueva un espíritu recto dentro de mí. No me eches de delante de ti, y no quites de mí tu santo Espíritu. Vuélveme el gozo de tu salvación, y espíritu noble me sustente [...]. Los sacrificios de Dios son el espíritu quebrantado; al corazón contrito y humillado no despreciarás tú, oh Dios» (Salmos 51:1–3, 5, 7, 9–12,17 RVR1960).

La ley decía que los adúlteros debían ser apedreados y que los asesinos debían ser ejecutados, pero Dios escuchó la sincera oración de David y tuvo misericordia de él. Sin embargo, como había hecho matar a Urías a espada, Natán le dijo a David: «no se apartará jamás de tu casa la espada [...] Jehová ha remitido tu pecado; no morirás. Mas [...] el hijo que te ha nacido ciertamente morirá» (2 Samuel 12:10, 13–14 RVR1960). Todas estas cosas sucedieron.

Dios puede perdonar, y perdona, el pecado, incluso aquellos que son muy graves. Él prometió: «si vuestros pecados fueren como la grana, como la nieve serán emblanquecidos; si fueren rojos como el carmesí, vendrán a ser como blanca lana» (Isaías 1:18 RVR1960). Pero debes arrepentirte sinceramente y pedir perdón.

41. Orar por los amigos enemigos íntimos

Absalón, el hijo de David, quería ser rey, así que organizó una conspiración y puso a muchos israelitas de su parte. Marchó sobre Jerusalén, pero David recibió aviso, huyó de la ciudad y ordenó que sus tropas cruzaran el río Jordán. Absalón reunió a su ejército y lo siguió, y los dos ejércitos se enfrentaron en el bosque de Efraín. A pesar de la orden de David de no dañar a Absalón, Joab lo ejecutó. La batalla había terminado. Dios había vuelto a proteger a David (2 Samuel 15:10–13; 17:24–26; 18:1–17).

David escribió un breve salmo justo antes de la batalla, proclamando que confiaba en Dios para protegerlo y que no temería. El título de Salmos 3 dice: «Salmo de David, cuando huía de su hijo Absalón» (NVI). En este salmo, David oró:

«Muchos son, Señor, mis enemigos; muchos son los que se me oponen, y muchos los que de mí aseguran: "Dios no lo salvará". Pero tú, Señor, me rodeas cual escudo; tú eres mi gloria; ¡tú mantienes en alto mi cabeza! Clamo al Señor a voz en cuello, y desde su monte santo él me responde. Yo me acuesto, me duermo y vuelvo a despertar, porque el Señor me sostiene. No me asustan los numerosos escuadrones que me acosan por doquier. ¡Levántate, Señor! ¡Ponme a salvo, Dios mío! ¡Rómpeles la quijada a mis enemigos! ¡Rómpeles los dientes a los malvados! Tuya es, Señor, la salvación; ¡envía tu bendición sobre tu pueblo!» (Salmos 3:1–8 NVI).

David le había ordenado a Joab: «No me traten duro al joven Absalón» (2 Samuel 18:5 NVI). Sin embargo, le había pedido a Dios: «¡Rómpeles la quijada a mis enemigos! ¡Rómpeles los dientes a los malvados!» (Salmos 3:7 NVI). Probablemente David solo deseaba que Dios golpeara a los israelitas que seguían a Absalón, pero había orado que Dios golpease a *todos* sus enemigos. Así que Absalón murió.

La lección más destacada de la oración de David es, sin embargo, su tremenda confianza en el Señor. Sabiendo que Dios era un escudo a su alrededor y que no permitiría que le hicieran daño a pesar de las multitudes que lo rodeaban y asaltaban, David, con confianza, levantó la cabeza y se negó a ceder a la desesperación. También se acostó y durmió en paz, sin dar vueltas y vueltas y sin preocuparse toda la noche.

David probablemente oraba sin descanso todos los días, pero este salmo es una instantánea clara que refleja su corazón y muestra cómo eran todas sus otras oraciones.

42. Orar a un Dios misericordioso

David conquistó toda la tierra de Canaán —algo que ni siquiera Josué había hecho— y expandió las fronteras de Israel desde Egipto en el sur hasta el río Éufrates en el norte. Lo había tomado con un número limitado de hombres porque Dios lo fortaleció poderosamente. Pero en sus últimos años parece haberse preocupado por mantener unido a este gran imperio.

Así que David ordenó un censo para saber exactamente cuántos hombres tenía y cuán fuerte era su ejército. Pero, después de haber numerado a sus soldados, la conciencia de David comenzó a molestarle. Oró: «He pecado grandemente por haber hecho este censo. Señor, te ruego que perdones mi culpa por haber cometido esta tontería» (2 Samuel 24:10 NTV).

El profeta Gad le declaró: «Esto dice el Señor: te doy tres opciones [...] ¿Vas a elegir tres años de hambre en toda la tierra, o tres meses de huir de tus enemigos, o tres días de una terrible plaga por todo el país?» (2 Samuel 24:12–13 NTV).

«¡Estoy en una situación desesperada!», contestó David. «Mejor que caigamos nosotros en las manos del Señor, porque su misericordia es grande, y que no caiga yo en manos humanas» (2 Samuel 24:14 NTV).

Así que Dios envió una plaga sobre Israel. Duró tres días y murieron 70.000 personas. Pero, cuando el ángel se preparaba para destruir Jerusalén, David lo vio y oró: «¡Soy yo el que pecó e hizo el mal! Pero estas personas son tan inocentes como ovejas, ¿qué han hecho? Que tu enojo caiga sobre mí y mi familia» (2 Samuel 24:17 NTV). Así que el Señor cedió y ordenó al ángel que se detuviera.

El ángel se detuvo en la colina perteneciente a Arauna, el jebusita. Gad instruyó a David para que construyera un altar en ese lugar, así que edificó un altar y sacrificó holocaustos y ofrendas de paz. Entonces el Señor detuvo la plaga.

David había declarado sobre Dios: «Su misericordia es grande», y conocer esta verdad esencial le dio el valor para pedir misericordia, a pesar de que su pecado había sido grave. Siglos más tarde, Jonás se hizo eco de este pensamiento: «sabía yo que tú eres Dios clemente y piadoso, tardo en enojarte, y de grande misericordia, y que te arrepientes del mal» (Jonás 4:2 RVR1960). Es vital que tú también estés convencido de la misericordia y bondad de Dios, ya que esto repercutirá directamente en tu forma de orar.

43. Señor, no calles

Al hacerse mayor, David se tomó más en serio la vida y oró:

Ardía mi corazón dentro de mí; mientras meditaba, se encendió el fuego; entonces dije con mi lengua: Señor, hazme saber mi fin, y cuál es la medida de mis días, para que yo sepa cuán efímero soy. He aquí, tú has hecho mis días muy breves, y mi existencia es como nada delante de ti; ciertamente todo hombre, aun en la plenitud de su vigor, es sólo un soplo [...] Y ahora, Señor, ¿qué espero? En ti está mi esperanza. Líbrame de todas mis transgresiones; no me hagas la burla de los necios. Mudo me he quedado, no abro la boca, porque tú eres el que ha obrado. Quita de mí tu plaga; por la dureza de tu mano estoy pereciendo. Con castigos corriges al hombre por su iniquidad [...] ciertamente, todo hombre es sólo un soplo [...] Escucha mi oración, oh Señor, y presta oído a mi clamor; no guardes silencio ante mis lágrimas; porque extranjero soy junto a ti, peregrino, como todos mis padres. Aparta de mí tu mirada, para poder alegrarme, antes de que me vaya de aquí, y ya no exista».

Salmos 39:3–5, 7–13 lbla

La enfermedad es una forma eficaz de apreciar la salud como ninguna otra cosa. Te das cuenta de lo frágil que eres, después de todo. La interminable juventud y la buena salud y fuerza que una vez diste por sentadas, y que asumiste que durarían para siempre, han llegado a su fin. Te das cuenta de cuán corta es la vida y quieres que cada día valga la pena.

En momentos como este, derramas tu corazón a Dios, diciendo: «Escucha mi oración, oh Señor, y presta oído a mi clamor; no guardes silencio ante mis lágrimas». Cualquiera que haya orado repetidamente por una necesidad desesperada sabe lo difícil que puede ser enfrentarse a un silencio ensordecedor cuando parece no haber respuesta. Te deja preguntándote si Dios ha escuchado, si es que le importa. Sí le importa, se conmueve por tus lágrimas, y responderá en su tiempo y de la manera que estime mejor.

David oró: «Ardía mi corazón dentro de mí […], entonces dije con mi lengua». Es el Espíritu de Dios quien sacude tu corazón y te mueve a orar.

44. Oración en caso de enfermedad y debilidad

En un momento dado durante su reinado, David estaba bastante enfermo. Lo más probable es que sucediera durante su última década. Los enemigos de David se alegraban de que estuviera afligido y deseaban que muriera. Muchos israelitas se habían unido a la rebelión de Absalón y, aunque habían sido derrotados y David seguía siendo rey, los hombres poderosos eran ahora sus enemigos.

David escribió: «Reunidos murmuran contra mí todos los que me aborrecen; contra mí piensan mal, diciendo de mí: Cosa pestilencial se ha apoderado de él; y el que cayó en cama no volverá a levantarse» (Salmos 41:7–8 RVR1960). Pero David le dijo a Dios: «Y no lo entregarás a la voluntad de sus enemigos. Jehová lo sustentará sobre el lecho del dolor; mullirás toda su cama en su enfermedad» (Salmos 41:2–3 RVR1960).

Fue en ese tiempo cuando David oró: «Ten misericordia de mí, oh Jehová, porque estoy enfermo; sáname, oh Jehová, porque mis huesos se estremecen. Mi alma también está muy turbada; y tú, Jehová, ¿hasta cuándo? Vuélvete, oh Jehová, libra mi alma; sálvame por tu misericordia. Porque en la muerte no hay memoria de ti; en el Seol, ¿quién te alabará? Me he consumido a fuerza de gemir [...]. Riego mi cama con mis lágrimas. Mis ojos están gastados de sufrir; se han envejecido a causa de todos mis angustiadores» (Salmos 6:2–7 RVR1960).

David declaró entonces con confianza: «Apartaos de mí, todos los hacedores de iniquidad; porque Jehová ha oído la voz de mi lloro. Jehová ha oído mi ruego;

ha recibido Jehová mi oración. Se avergonzarán y se turbarán mucho todos mis enemigos» (Salmos 6:8–10 RVR1960).

David estaba cansado, preocupado y afligido. Le preguntó sin rodeos al Señor cuánto tiempo tardaría en sanarlo. Al igual que muchos de los salmos de David, esta fue una oración muy honesta.

Después de clamar desesperadamente a Dios para que lo sanara, David dijo: «Ha recibido Jehová mi oración». Estaba viejo, débil y enfermo, pero confiaba en que Dios lo sanaría y lo levantaría, diciendo: «Jehová lo sustentará sobre el lecho del dolor». Y Dios lo hizo. David siguió siendo el gobernante de Israel hasta que murió de muerte natural a los setenta años de edad. En ese momento ya no estaba enfermo, simplemente era demasiado viejo para mantener su vigor (1 Reyes 1:1).

45. Salomón ora por sabiduría

Poco después de convertirse en rey, Salomón fue a Gabaón a ofrecer sacrificios a Dios. Esa noche el Señor se le apareció en un sueño y dijo: «Pide lo que quieras que yo te dé» (1 Reyes 3:5 LBLA).

Este fue uno de los pocos momentos de la Biblia en que Dios le ofreció a alguien darle lo que pidiera. Muchos cristianos tienen la impresión equivocada de que Dios está a su disposición, como un genio, para conceder todos sus deseos. Creen que pueden mandarle. Pero debemos entender que él es Dios Todopoderoso, que debe ser adorado y obedecido. No obedece los caprichos humanos.

Salomón pudo haber pedido cosas para su beneficio personal, pero dijo: «Y ahora, Señor Dios mío, has hecho a tu siervo rey en lugar de mi padre David, aunque soy un muchacho y no sé cómo salir ni entrar. Tu siervo está en medio de tu pueblo al cual escogiste, un pueblo inmenso que no se puede numerar ni contar por su multitud. Da, pues, a tu siervo un corazón con entendimiento para juzgar a tu pueblo y para discernir entre el bien y el mal. Pues ¿quién será capaz de juzgar a este pueblo tuyo tan grande?» (1 Reyes 3:7–9 LBLA).

Dios estaba tan complacido de que Salomón hubiera pedido sabiduría para servir mejor a las necesidades del pueblo de Dios que le dijo: «He hecho conforme a tus palabras. He aquí, te he dado un corazón sabio y entendido, de modo que no ha habido ninguno como tú antes de ti, ni se levantará ninguno como tú después de ti. También te he dado lo que no has pedido, tanto riquezas como gloria, de modo que no habrá entre los reyes ninguno como tú en todos tus días» (1 Reyes 3:12–13 LBLA).

Dios se deleita todavía en dar sabiduría a sus hijos. La Biblia promete: «Pero si alguno de vosotros se ve falto de sabiduría, que la pida a Dios, el cual da a todos abundantemente y sin reproche, y le será dada» (Santiago 1:5 LBLA). Dios también se deleita en dar otros dones, por lo cual Pablo escribió a los creyentes: «Procurad, pues, los dones mejores» (1 Corintios 12:31 RVR1960).

«A cada uno de nosotros se nos da un don espiritual para que nos ayudemos mutuamente» (1 Corintios 12:7 NTV). Y esta fue la razón por la que Salomón pidió sabiduría.

46. Oración dedicatoria de Salomón

Durante siete años, Salomón dirigió la construcción del templo de Dios y, una vez terminado, lo dedicó a Dios y oró por él:

> *Sin embargo, Señor mi Dios, atiende a la oración y a la súplica de este siervo tuyo [...] ¡Que tus ojos estén abiertos día y noche sobre este templo, el lugar donde decidiste habitar, para que oigas la oración que tu siervo te eleva aquí! Oye la súplica de tu siervo y de tu pueblo Israel cuando oren en este lugar. Oye desde el cielo, donde habitas; ¡escucha y perdona! [...]. Cuando tu pueblo Israel sea derrotado por el enemigo por haber pecado contra ti, si luego se vuelve a ti [...] y ora y te suplica en este templo, óyelo tú desde el cielo, y perdona su pecado [...] Cuando tu pueblo peque contra ti y tú lo aflijas cerrando el cielo para que no llueva, si luego ellos oran en este lugar [...] óyelos tú desde el cielo y perdona el pecado de tus siervos, de tu pueblo Israel. Guíalos para que sigan el buen camino, y envía la lluvia sobre esta tierra [...]. Cuando en el país haya hambre, peste, sequía, o plagas de langostas o saltamontes en los sembrados, o cuando el enemigo sitie alguna de nuestras ciudades; en fin, cuando venga cualquier calamidad o enfermedad, si luego cada israelita, consciente de su propia culpa, extiende sus manos hacia este templo, y ora y te suplica, óyelo tú desde el cielo, donde habitas, y perdónalo.*
> 1 Reyes 8:28–30, 33–39 nvi

Cuando Salomón terminó de orar, cayó fuego del cielo y consumió el holocausto y los sacrificios, y la gloria del Señor llenó el templo. Los sacerdotes no podían entrar al santuario porque la gloria del Señor lo llenaba completamente (2 Crónicas 7:1–2). Entonces el Señor le dijo a Salomón: «He oído la oración y la súplica que me has hecho. Consagro este templo que tú has construido para que yo habite en él por siempre. Mis ojos y mi corazón siempre estarán allí» (1 Reyes 9:3 NVI).

Salomón hizo una oración exhaustiva de dedicación, pidiendo al Señor que escuchara las oraciones del pueblo, perdonara con misericordia sus pecados y los restaurara. Dios respondió que su presencia permanecería en el templo para esos mismos propósitos.

47. La oración de Jabés

Había un hombre en la tierra de Judá llamado Jabés que era más honorable que el resto de sus hermanos. Pero su madre lo había llamado Jabés (causará dolor) porque su nacimiento había sido muy doloroso. Jabés es famoso por orar a Dios: «Bendíceme y ensancha mi territorio; ayúdame y líbrame del mal, para que no padezca aflicción» (1 Crónicas 4:10 NVI).

¡La buena noticia es que Dios accedió a su petición! Jabés pidió varias cosas en esta breve oración, así que vamos a verlas una por una.

«Bendíceme». Es del todo aceptable orar para que Dios te bendiga. No es necesariamente egoísta. Después de todo, Jesús enseñó a sus discípulos a orar para que Dios les diera el pan de cada día. (Mateo 6:11), y Pablo oró para que el Señor supliera «todo lo que necesiten, de las gloriosas riquezas [de Dios]» (Filipenses 4:19 NTV). Hay que bendecir continuamente a los demás, por lo que es lógico que uno también se bendiga a *sí mismo*.

«Ensancha mi territorio». Originalmente, esto significaba adquirir más campos y tierras, para ser materialmente prósperos. En estos días, Jabés podría haber estado pidiendo a Dios que ampliara sus perspectivas de negocios *o* su ministerio. Después de todo, los cristianos a menudo entienden la frase: «Ensancha el espacio de tu carpa, y despliega las cortinas de tu morada» (Isaías 54:2 NVI), aplicada tanto a los esfuerzos espirituales como a los financieros.

«Ayúdame». Con esta petición, Jabés le estaba pidiendo a Dios que obrase con él en todo lo que hiciera. La Biblia nos dice: «el SEÑOR estaba con José, y le daba éxito en todo lo que hacía» (Génesis 39:3 NTV).

Necesitamos desesperadamente a Dios. Moisés le rogó a él: «Si tu presencia no ha de ir conmigo, no nos saques de aquí» (Éxodo 33:15 RVR1960).

«Líbrame del mal, para que no padezca aflicción». Según esta traducción, Jabés simplemente quería evitarse accidentes y sufrimientos, pero hay otras traducciones, como la inglesa NKJV, que traducen algo así como: «Líbrame del mal, y que yo no cause dolor». Así tiene más sentido, considerando el nombre que le puso su madre: «causará dolor», de modo que oró para que se le impidiera hacer el mal, para *no* causar dolor a los demás. Todas estas son buenas peticiones.

48. Orar en paz y en guerra

Cuando Asa fue proclamado rey, amó al Señor y caminó junto a él. Quitó los altares de los dioses paganos, destruyó los lugares altos y derribó los ídolos. Maaca, la reina madre, había hecho una imagen obscena de Asera, así que Asa la derribó y la quemó hasta hacerla cenizas. También ordenó a todo Judá que buscara a Dios y lo obedeciera (2 Crónicas 14:2–15; 1 Reyes 15:13).

En este momento había «muchas aflicciones sobre todos los habitantes de las tierras» y «una gente destruía a otra» (2 Crónicas 15:5–6 RVR1960), pero durante diez años Judá estuvo callado. Asa sabía que esta paz era el resultado de adorar a Dios. Dijo: «hemos buscado a Jehová nuestro Dios [...] y él nos ha dado paz por todas partes» (2 Crónicas 14:7 RVR1960).

Pero Asa sabía que con el tiempo podrían llegar los problemas, así que sabiamente usó esta época para fortificar las ciudades de Judá y formar un ejército de 580.000 hombres. Entonces, un día los cusitas (del sur de Egipto) los invadieron con un ejército de un millón de hombres (2 Crónicas 14:9 RVR1960). Asa reunió a su ejército y se encontró con ellos en un valle al oeste de Hebrón.

Asa se vio superado en número, así que clamó: «¡Oh Jehová, para ti no hay diferencia alguna en dar ayuda al poderoso o al que no tiene fuerzas! Ayúdanos, oh Jehová Dios nuestro, porque en ti nos apoyamos, y en tu nombre venimos contra este ejército. Oh Jehová, tú eres nuestro Dios; no prevalezca contra ti el hombre» (2 Crónicas 14:11 RVR1960).

El Señor respondió con gran poder a la oración de Asa y golpeó a los cusitas. Asustados, huyeron y el ejército de Asa los persiguió hasta Filistea. Los cusitas fueron «deshechos delante de Jehová y de su ejército» (2 Crónicas 14:13 RVR1960).

Dios respondió a las muchas oraciones de Asa a través de los años, proporcionándole de forma milagrosa paz cuando todos los demás países estaban sufriendo agitación y guerra. Cuando las turbulencias del mundo se extendieron a Judá, Asa continuó orando y Dios siguió respondiendo. El Señor respondió a la oración desesperada de Asa porque tenía el hábito de orar fielmente. No actuó con sus propias fuerzas ni se volvió hacia Dios solo cuando se presentaron problemas. Su entrega a la oración le permitió a Asa hacer oraciones tan poderosas en casos de emergencia, y obtener respuesta.

49. Oración pública en momentos desesperados

Durante el reinado de Josafat, tres naciones —Amón, Moab y Edom— invadieron Judá. Estaba temeroso y proclamó un ayuno, así que el pueblo acudió de todas partes de Judá para buscar al Señor.

Josafat se paró en el atrio del templo y oró: «Oh Señor, Dios de nuestros padres, ¿no eres tú Dios en los cielos? ¿Y no gobiernas tú sobre todos los reinos de las naciones? En tu mano hay poder y fortaleza y no hay quien pueda resistirte. ¿No fuiste tú, oh Dios nuestro, el que echaste a los habitantes de esta tierra delante de tu pueblo Israel, y [...] han habitado en ella, y allí te han edificado un santuario a tu nombre, diciendo: "Si viene mal sobre nosotros, espada, juicio, pestilencia o hambre, nos presentaremos delante de esta casa y delante de ti (porque tu nombre está en esta casa), y clamaremos a ti en nuestra angustia, y tú oirás y nos salvarás". Y ahora, he aquí, los hijos de Amón y de Moab y del monte Seir, a quienes no permitiste que Israel invadiera cuando salió de la tierra de Egipto [...] mira cómo nos pagan [...]. Oh Dios nuestro, ¿no los juzgarás? Porque no tenemos fuerza alguna delante de esta gran multitud que viene contra nosotros, y no sabemos qué hacer; pero nuestros ojos están vueltos hacia ti» (2 Crónicas 20:6–12 LBLA).

Fue un momento desesperado, que exigía un liderazgo piadoso y valiente, y Josafat se puso a la altura de las circunstancias, declarando públicamente su confianza en Dios.

Entonces un levita llamado Jaaziel profetizó: «así os dice el Señor: "No temáis, ni os acobardéis delante de esta gran multitud, porque la batalla no es vuestra, sino de Dios [...]. No necesitáis pelear en esta batalla. [...] salid mañana al encuentro de ellos porque el Señor está con vosotros"» (2 Crónicas 20:15, 17 lbla).

A la mañana siguiente salieron temprano para enfrentarse a los invasores, y Josafat envió cantores delante del ejército. Cuando comenzaron a cantar y a alabar, el Señor volvió a Amón, Moab y Edom unos contra otros, y se mataron entre ellos. Cuando el ejército de Judá llegó al lugar, había cadáveres por todo el terreno. Cuando crees que Dios va a traer la victoria, haces bien en alabarlo de antemano.

50. Oraciones perplejas y acusadoras

Durante una prolongada sequía, el Señor le dijo a Elías que fuera a la aldea de Sarepta en Fenicia y, cuando llegó, vio a una mujer recogiendo leña. Le pidió que le trajera un poco de agua y pan, pero ella le contestó que le quedaba solo un puñado de harina y un poquito de aceite de oliva. Pero cuando Elías prometió que Dios le proveería si lo compartía con él, ella creyó. La harina y el aceite de oliva no se agotaron en muchos meses.

Pero entonces su hijo se enfermó. Empeoró y murió. La viuda afligida se lamentaba: «¡Ay, hombre de Dios! ¿Qué me ha hecho usted? ¿Ha venido aquí para señalarme mis pecados y matar a mi hijo?» (1 Reyes 17:18 NTV).

Elías tomó el cuerpo, lo llevó a su cuarto y lo puso en su cama. Perplejo y desesperado, clamó: «Oh Señor mi Dios, ¿por qué le has traído desgracia a esta viuda que me abrió su casa, al provocar la muerte de su hijo?». Entonces oró: «¡Oh Señor mi Dios, te ruego que le devuelvas la vida a este niño!» (1 Reyes 17:20–21 NTV).

«El Señor oyó la oración de Elías» (1 Reyes 17:22), y el niño revivió. Entonces Elías lo devolvió a su asombrada y agradecida madre.

Elías se había fijado en las recientes acciones justas de la viuda. Pero ella se había fijado en su culpa pasada. Ella asumió que estaba siendo juzgada por pecados anteriores. Es muy probable que este no fuera el motivo. Las *principales* razones por las que Dios permitió que el niño muriera fueron para mostrar su tierno amor por una viuda extranjera, para demostrar su gran poder, y para inspirar su fe.

Además, la viuda veía la muerte de su hijo como algo definitivo.

Elías no aceptaba eso. Creía que su Dios todopoderoso podía resucitar a los muertos.

Observa que Elías le pidió a Dios: «¿por qué le has traído desgracia [...] al provocar la muerte de su hijo?» Había un matiz de acusación en su oración. Se preguntaba si Dios había actuado injustamente. Sin embargo, él sabía que Dios era bueno y lo llamó dos veces: «Oh Señor *mi* Dios».

Dios escucha con frecuencia oraciones acusatorias hoy en día, incluso de parte de sus hijos. Él sabe que tales oraciones vienen de vidas desbordadas de dolor. Él está consciente de que los mortales a menudo no entienden lo que está haciendo, por eso escucha, más allá de la ignorancia y la ira, el corazón de nuestras oraciones.

51. Cuando Dios ha decidido actuar

En los días de Elías, muchos israelitas adoraban a Dios y a Baal, así que Elías preguntó: «¿Hasta cuándo van a seguir indecisos? Si el Dios verdadero es el Señor, deben seguirlo; pero, si es Baal, síganlo a él» (1 Reyes 18:21 NVI). Elías planteó un desafío: tanto él como los sacerdotes de Baal sacrificarían un toro y pondrían la carne en la leña de sus altares, pero no le prenderían fuego. Entonces los sacerdotes invocarían a Baal, mientras que Elías invocaría al Señor. El que respondiera con fuego era el verdadero Dios.

Los sacerdotes prepararon un toro y oraron a Baal durante varias horas, pero no recibieron respuesta. A mediodía Elías comenzó a burlarse: «¡Griten más fuerte! [...] Seguro que es un dios, pero tal vez esté meditando, o esté ocupado o de viaje. ¡A lo mejor se ha quedado dormido y hay que despertarlo!» (1 Reyes 18:27 NVI). Siguieron orando frenéticamente hasta la noche, pero no hubo respuesta.

Elías preparó el altar al Señor, descuartizó un toro y lo puso sobre la leña. Hizo que la gente echara doce tinajas grandes de agua sobre la ofrenda y la leña. Entonces Elías oró: «Señor, Dios de Abraham, de Isaac y de Israel, que todos sepan hoy que tú eres Dios en Israel, y que yo soy tu siervo y he hecho todo esto en obediencia a tu palabra. ¡Respóndeme, Señor, respóndeme, para que esta gente reconozca que tú, Señor, eres Dios!» (1 Reyes 18:36–37 NVI).

Inmediatamente, se encendió el fuego, devorando el sacrificio, la leña, las piedras, el polvo y el agua. Todo el pueblo gritó: «¡El Señor es Dios! ¡El Señor es Dios!» (1 Reyes 18:39 NVI).

Esta prueba no fue idea de Elías. Todo esto lo hizo «por orden de Dios», porque Dios ya había decidido hacer el milagro. Así que Elías no necesitó suplicarle por mucho tiempo. Simplemente tenía que subir al escenario y presentar al Señor, y, tan pronto como lo hizo, Dios desató su poder.

Probablemente desees que Dios siempre responda a las peticiones de manera tan repentina y dramática, pero a menudo se necesita perseverar en la oración. Puede ser desconcertante cuando Dios responde algunas oraciones rápidamente pero parece no responder a otras oraciones a pesar de sus repetidas y angustiosas peticiones. Tal vez te preguntes si esas peticiones no son su voluntad. Es muy *probable* que sean la voluntad de Dios, pero no sea el momento de responderlas.

52. Oraciones fervientes y repetidas

Años atrás, antes de la competencia en el monte Carmelo: «Elías [...] oró fervientemente para que no lloviese, y no llovió sobre la tierra por tres años y seis meses» (Santiago 5:17 RVR1960). Le había dicho al rey Acab: «Vive Jehová Dios de Israel [...] que no habrá lluvia ni rocío en estos años, sino por mi palabra» (1 Reyes 17:1 RVR1960). Seguramente, la sequía había continuado sin interrupción todo este tiempo. Pero, después de que Dios envió fuego, Elías supo que era hora de que terminara la escasez.

Elías se lo dijo a Acab: «una lluvia grande se oye», así que, mientras Acab iba a comer, Elías subió a la cima del Carmelo. Allí se inclinó y oró. Entonces le dijo a su criado: «Sube ahora, y mira hacia el mar». Subió, pero volvió con el mensaje: «No hay nada». Elías dijo: «Vuelve siete veces» (1 Reyes 18:41–43 RVR1960).

Cuando su criado regresó por séptima vez, le informó: «Yo veo una pequeña nube como la palma de la mano de un hombre, que sube del mar». Elías ordenó: «Ve, y di a Acab: Unce tu carro y desciende, para que la lluvia no te ataje». Mientras hablaba, el cielo se nubló y comenzó a llover a cántaros (1 Reyes 18:44–45 RVR1960).

Elías había orado por una sequía, y no llovió durante años, «Y otra vez oró, y el cielo dio lluvia» (Santiago 5:18 RVR1960). Aunque es cierto que Elías tenía una fe tremenda, el mismo poder de Dios está disponible para los creyentes de hoy. Después de todo: «Elías era hombre sujeto a pasiones semejantes a las nuestras» (Santiago 5:17 RVR1960). La clave es orar con fervor: «La oración eficaz del justo puede mucho» (Santiago 5:16 RVR1960).

A menudo —como Elías— necesitamos presentar una petición ante el Señor muchas veces. *En cierta ocasión*, Dios envió fuego después de que Elías hubo orado la más breve de las oraciones, pero fue necesario pedir varias veces para que lloviera, a pesar de que eso también era la voluntad expresa de Dios. Recuerda, *antes* de orar, Elías ya había oído «una lluvia grande».

No se puede encasillar a Dios y crear una fórmula de cómo *querrá* o *tendrá que* responder a la oración. Dios puede responder después de una sola oración o después de muchas oraciones. Puede que solo haga falta una breve oración o que persistas en tu petición durante años.

53. Oraciones derrotistas

Si Elías esperaba que su victoria en el monte Carmelo causaría un avivamiento a nivel nacional, estaba equivocado. Cuando Jezabel amenazó con matarlo, la gente se desvaneció en lugar de unirse para protegerlo. Solo, en peligro de muerte, el coraje de Elías también falló, y salió huyendo. Huyó de Israel, cruzó Judá y desapareció en el vasto desierto al sur de Beerseba, aparentemente sin llevar comida consigo.

Mientras caminaba a través de esa región desolada, el calor y las oleadas de depresión drenaron su energía. Agotado, se desplomó bajo un enebro y oró: «Basta ya, Señor, toma mi vida porque yo no soy mejor que mis padres» (1 Reyes 19:4 LBLA). Desesperado, se quedó dormido.

Entonces un ángel lo tocó y dijo: «Levántate, come» (1 Reyes 19:5 LBLA). Elías se despertó y descubrió una hogaza de pan horneado sobre piedras calientes y un frasco de agua. Comió, bebió y se acostó de nuevo. El ángel lo despertó por segunda vez, diciendo: «Levántate, come, porque es muy largo el camino para ti» (1 Reyes 19:7 LBLA). Comió y bebió de nuevo, y, con la fuerza de esa comida milagrosa, caminó cuarenta días hasta el monte de Dios.

Dios no solo no le quitó la vida a Elías como él había pedido, sino que se aseguró de que no muriese *nunca*, fue uno de los dos únicos hombres llevados vivos al cielo (2 Reyes 2:11). Y la respuesta inmediata de Dios a su oración derrotista fue darle algo de comida con mucha energía para revitalizarlo físicamente y ayudarlo a salir de su estado de ánimo negativo.

Algunos cristianos piensan que, si piden algo negativo, se han maldecido a sí mismos de manera irreversible y tanto Dios como el diablo se asegurarán de destruirlos. Desde luego, es mejor no hacer oraciones derrotistas. Pero, como un padre sabio y cariñoso, Dios dice que no a tales peticiones. De hecho, no contesta muchas oraciones que los cristianos oran, incluso por cosas buenas que no son las mejores para ellos.

¿Alguna vez te has sentido como si estuvieras renunciando a un trabajo, a un matrimonio, a un hijo de fuerte voluntad, pero después te has arrepentido y le has pedido a Dios la fuerza para seguir adelante? Tú también te diriges al monte de Dios, y «es muy largo el camino para ti». Así que clama a Dios. Deja que él te infunda vida. Deja que él te fortalezca. Él te ayudará a lograrlo.

54. Escuchar la voz de Dios

Elías llegó al monte Horeb en el desierto del Sinaí. Fue allí donde Dios había descendido con truenos, relámpagos, fuego y un terremoto (Éxodo 19:16–18) cuando se reunió con Moisés y los israelitas siglos antes. Elías también quería su «momento Moisés».

En vez de eso, Dios le preguntó: «¿Qué haces aquí, Elías?» (1 Reyes 19:9 NVI).

Elijah se quejó: «Me consume mi amor por ti, Señor Dios Todopoderoso —respondió él—. Los israelitas han rechazado tu pacto, han derribado tus altares, y a tus profetas los han matado a filo de espada. Yo soy el único que ha quedado con vida, ¡y ahora quieren matarme a mí también!» (1 Reyes 19:10 NVI).

Dios ordenó: «Sal y preséntate ante mí en la montaña, porque estoy a punto de pasar por allí» (1 Reyes 19:11 NVI).

Entonces un viento poderoso rompió las rocas, pero el Señor no estaba en el viento. Un terremoto azotó la montaña, pero el Señor no estaba en el terremoto. Luego un fuego arrasó el monte, pero el Señor no estaba en el fuego. Y después del incendio vino un suave susurro, lo que la versión Reina-Valera llama «un silbo apacible» (1 Reyes 19:12).

De nuevo Dios le preguntó: «¿Qué haces aquí, Elías?» (1 Reyes 19:13 NVI).

Entonces Elías le dio a Dios exactamente la misma respuesta. Al parecer, durante su larguísima caminata a Horeb, había repasado una y otra vez lo que quería decirle a Dios. Así que repitió su discurso cuidadosamente ensayado al pie de la letra.

Pero Dios respondió: «Regresa por el mismo camino» (1 Reyes 19:15 NVI). En otras palabras: «No necesitabas venir hasta aquí para hablar conmigo». Dios no estaba siendo insensible a su profeta desanimado. Sabía que Elías estaría bien. Solo necesitaba un cambio de actitud. Elías había querido que Dios hablara alto y claro en un terremoto dramático con truenos, fuego y juicio. Pero Dios eligió revelarse en un suave susurro.

Dios le dijo a Elías lo que tenía que hacer a continuación, pues llegaba el momento de juzgar a sus enemigos. En cuanto a su queja de que él era el único israelita fiel que quedaba, el Señor le informó que otros siete mil tampoco se habían inclinado ante Baal. De entre ellos, debía elegir a Eliseo para que lo ayudara en su ministerio.

Tú también puedes sentirte frustrado por los silencios de Dios y sus misteriosas maneras de actuar. Anhelas un «momento Moisés» en que él se revele dramáticamente. Pero Dios suele guiarte a través de la vida con indicaciones tranquilas, pequeñas, tenues y casi imperceptibles.

55. Abre mis ojos, Señor

Cuando el rey de Aram estaba en guerra con Israel, les decía a sus oficiales: «Movilizaremos nuestras fuerzas en tal y tal lugar». Pero Eliseo, el profeta de Dios, le advertía una y otra vez al rey de Israel: «No te acerques a ese lugar» (2 Reyes 6:8–9 NTV).

El rey de Aram se puso furioso. Exigió a sus oficiales: «¿Quién de ustedes es el traidor? ¿Quién ha estado informándole al rey de Israel acerca de mis planes?». Un oficial contestó: «No somos nosotros [...]. Eliseo, el profeta de Israel, le comunica al rey de Israel hasta las palabras que usted dice en la intimidad de su alcoba». El rey ordenó entonces: «Vayan a averiguar dónde está». Le trajeron la información: «Eliseo está en Dotán» (2 Reyes 6:11–13 NTV). Así que el rey de Aram envió un gran ejército con muchos carros y caballos para rodear la ciudad de noche.

Cuando Eliseo y su criado se levantaron a la mañana siguiente, este miró la muralla de la ciudad y había tropas, caballos y carros por todas partes. «¿Qué vamos a hacer ahora?» clamó. «¡No tengas miedo!» respondió Eliseo. «¡Hay más de nuestro lado que del lado de ellos!» Como su sirviente le echó una mirada de duda, Eliseo oró: «Oh Señor, ¡abre los ojos de este joven para que vea!» (2 Reyes 6:15–17 NTV). Dios abrió sus ojos y vio que la ladera alrededor de Eliseo estaba llena de caballos y carros de fuego.

Entonces Eliseo oró: «Oh Señor, haz que ellos queden ciegos» (2 Reyes 6:18 NTV). Así que el Señor hirió a los arameos con ceguera. No podían *ver* a Eliseo, y mucho menos arrestarlo, así que regresaron a Aram sin él.

Eliseo vivía en el reino sobrenatural, en estrecho contacto con Dios. Por eso fue capaz de hacer oraciones tan cortas y directas y de recibir respuestas inmediatas. Ahora Eliseo tenía una unción inusualmente poderosa y era un poderoso hacedor de milagros, y, aunque este mismo poder de Dios está disponible para obrar por ti, puede que no haga milagros de la misma magnitud en tu caso.

Pero *puedes* emular a Elías: amaba a Dios y pasaba mucho tiempo orando a él. Así que Dios le reveló cosas y respondió a sus oraciones. Dios promete: «Por cuanto en mí ha puesto su amor […] me invocará, y yo le responderé» (Salmos 91:14–15 RVR1960).

56. Cuando Dios no oye la oración

Los marineros a menudo tienen buenas razones para orar. «Los que descienden al mar en naves [...] han visto las obras de Jehová [...]. Porque habló, e hizo levantar un viento tempestuoso, que encrespa sus ondas [...]. Entonces claman a Jehová en su angustia, y los libra de sus aflicciones. Cambia la tempestad en sosiego» (Salmos 107:23–25, 28–29 RVR1960).

En tiempos de Jonás, unos marineros se encontraron exactamente en esta situación. Dios le había dicho a Jonás que fuera a Nínive y les advirtiera del juicio inminente, pero Jonás no quería arriesgarse a que Dios perdonara a Nínive, así que huyó en la dirección opuesta: a Tarsis, en el extremo occidental del mundo conocido.

El barco comenzó a navegar por el Mediterráneo, pero, no muy lejos, el Señor envió un gran viento, de modo que el barco quedó casi destrozado por la tempestad. Los marineros gritaban a sus dioses respectivos. Despertaron a Jonás y le dijeron: «Levántate, y clama a tu Dios; quizá él tendrá compasión de nosotros, y no pereceremos» (Jonás 1:6 RVR1960).

Pero Jonás tenía un problema. Dios no estaba escuchando sus oraciones porque lo había desobedecido con obstinación.

Cuando Jonás confesó a los marineros lo que había hecho, le preguntaron: «¿Qué haremos contigo para que el mar se nos aquiete?». Jonás dijo: «Tomadme y echadme al mar, y el mar se os aquietará» (Jonás 1:11–12 RVR1960). Lo hicieron y el mar dejó de enfurecerse. Entonces ellos temieron al Señor, le ofrecieron un sacrificio y le hicieron un voto. Dios escuchó sus oraciones, pero no escuchó a Jonás; no hasta que se arrepintió.

El pecado a menudo impide que Dios responda a la oración. Así era en los días de Jonás, y así es hoy. «La mano del Señor no es corta para salvar, ni es sordo su oído para oír. Son las iniquidades de ustedes las que […] lo llevan a ocultar su rostro para no escuchar» (Isaías 59:1–2 nvi).

Si estás orando todo el tiempo, pero no recibes una respuesta, es sabio revisar tu corazón para ver si de alguna manera estás pecando contra Dios. Podría estar simplemente poniendo a prueba tu paciencia y resolución. O el diablo podría estar luchando contigo. Pero el problema podría ser el pecado.

57. Nada que hacer excepto orar

Cuando Jonás les dijo a los marineros que lo arrojaran al mar embravecido, estaba seguro de que iba a morir. Puede que incluso le pareciera bien. Al menos no tendría que ir a Nínive a predicarles. Pero Dios aún no había terminado. De repente apareció un pez gigante y Jonás desapareció entre las fauces del monstruo marino.

Segundos después, estaba en su vientre, en total oscuridad, cubierto de limo... y atrapado. Unos momentos antes, había admitido: «yo sé que por mi causa ha venido esta gran tempestad sobre vosotros» (Jonás 1:12 LBLA). Ahora tenía tiempo de sobra para orar por eso. No podía hacer otra cosa que orar. Pero parece que Jonás tardó algún tiempo en arrepentirse. Finalmente, clamó a Dios:

«En mi angustia clamé al Señor, y Él me respondió. Desde el seno del Seol pedí auxilio, y tú escuchaste mi voz; pues me habías echado a lo profundo, en el corazón de los mares, y la corriente me envolvió; todas tus encrespadas olas y tus ondas pasaron sobre mí. Entonces dije: "He sido expulsado de delante de tus ojos; sin embargo volveré a mirar hacia tu santo templo [...]. Descendí hasta las raíces de los montes [...] pero tú sacaste de la fosa mi vida, oh Señor, Dios mío. Cuando en mí desfallecía mi alma, del Señor me acordé; y mi oración llegó hasta ti [...]. te ofreceré sacrificios. Lo que prometí, pagaré. La salvación es del Señor» (Jonás 2:2–4, 6–7, 9 LBLA).

En cuanto Jonás se arrepintió, el Señor ordenó al pez y salió a la superficie en una playa, probablemente en la costa de Ugarit, y vomitó a Jonás. Sin otra salida, Jonás se dirigió hacia el interior, hacia Nínive y, cuando llegó allí, les advirtió de su inminente perdición.

Dios a menudo da a sus hijos un tiempo muerto cuando lo desobedecen. «Moradores de tinieblas y de sombra de muerte, prisioneros en miseria y en cadenas, porque fueron rebeldes a las palabras de Dios y despreciaron el consejo del Altísimo [...] tropezaron y no hubo quien los socorriera. Entonces en su angustia clamaron al Señor y Él los salvó de sus aflicciones» (Salmos 107:10–13 LBLA).

58. Una oración real

Cuando Ezequías era gobernador de Judá, Senaquerib, el rey asirio, envió a sus oficiales con un gran ejército a Jerusalén. El comandante de campo asirio llamó a los oficiales de Ezequías en la muralla: «No le hagan caso a Ezequías, que los quiere seducir cuando dice: "El Señor nos librará". ¿Acaso alguno de los dioses de las naciones pudo librar a su país de las manos del rey de Asiria?» (2 Reyes 18:32–33 nvi).

Más tarde el comandante envió una carta a Ezequías: «No dejes que tu Dios, en quien confías, te engañe cuando dice: "No caerá Jerusalén en manos del rey de Asiria". Sin duda te habrás enterado de lo que han hecho los reyes de Asiria en todos los países, destruyéndolos por completo. ¿Y acaso vas tú a librarte? ¿Libraron sus dioses a las naciones que mis antepasados han destruido?» (2 Reyes 19:10–12 nvi).

El rey Ezequías leyó la carta. Profundamente ofendido y afligido, fue al templo y lo llevó ante el Señor. Luego oró una oración verdaderamente real:

«Señor, Dios de Israel, entronizado sobre los querubines: solo tú eres el Dios de todos los reinos de la tierra. Tú has hecho los cielos y la tierra. Presta atención, Señor, y escucha; abre tus ojos, Señor, y mira; escucha las palabras que Senaquerib ha mandado a decir para insultar al Dios viviente. Es verdad, Señor, que los reyes asirios han asolado todas estas naciones y sus tierras. Han arrojado al fuego sus dioses y los han destruido, porque no eran dioses sino solo madera y piedra, obra de manos humanas. Ahora, pues, Señor y Dios nuestro, por favor, sálvanos de su mano, para que todos los reinos de la tierra sepan que solo tú, Señor, eres Dios» (2 Reyes 19:15–19 nvi).

La hermosa oración de Ezequías alababa a Dios por su inmenso poder y le recordaba que los asirios lo habían insultado, y Dios respondió de un modo impresionante. Esa noche el ángel del Señor derribó a 185.000 hombres en el campamento asirio. Cuando Ezequías y su pueblo se despertaron a la mañana siguiente, vieron innumerables cadáveres. Los asirios sobrevivientes levantaron el campamento y regresaron a Nínive.

Ezequías no dudó que Dios actuaría, aunque probablemente no tenía idea de lo que haría. Él oró en fe, esperando plenamente que Dios defendiera su nombre y reputación de la burla. Y lo hizo.

59. Ezequías ora para vivir más

Algún tiempo después de la milagrosa derrota de los asirios, el rey Ezequías se enfermó de muerte por un furúnculo. Seguro de que se moría, Ezequías dijo esta oración:

«¿En la flor de mi vida tengo que entrar en el lugar de los muertos? ¿Acaso seré privado del resto de mis años? [...] Nunca más veré al Señor dios en la tierra de los vivos. Nunca más veré a mis amigos ni estaré con los que viven en este mundo [...]. Esperé con paciencia toda la noche, pero me sentía como si unos leones me estuvieran despedazando. De repente, mi vida se había acabado. En mi delirio, gorjeaba como una golondrina o una grulla [...]. Se me cansaban los ojos de mirar al cielo en busca de ayuda. Estoy en apuros, Señor. ¡Ayúdame!» (Isaías 38:10–11, 13–14 NTV).

Pero parecía que Dios *no* iba a ayudarlo. El profeta Isaías le trajo este mensaje: «Esto dice el Señor: "Pon tus asuntos en orden porque vas a morir"» (2 Reyes 20:1 NTV).

«Cuando Ezequías oyó el mensaje, volvió su rostro hacia la pared y oró al Señor: "Acuérdate, oh Señor, que siempre te he sido fiel y te he servido con singular determinación, haciendo siempre lo que te agrada"». Eso es todo lo que logró decir antes de ponerse «a llorar amargamente» (2 Reyes 20:2–3 NTV). Poco antes había pronunciado una oración elocuente. Ahora estaba tan emocionado que apenas podía hablar.

Pero Dios lo oyó. Isaías ya había salido del atrio del medio, pero Dios lo detuvo y lo envió de regreso con este mensaje: «Esto dice el Señor [...]: "He oído tu oración y he visto tus lágrimas. Voy a sanarte y en tres días te levantarás de la cama e irás al templo del Señor. Te añadiré quince años más de vida y te rescataré del rey de Asiria junto con esta ciudad» (2 Reyes 20:5–6 NTV).

«Entonces Isaías dijo: "Preparen un ungüento de higos". Así que los sirvientes de Ezequías untaron el ungüento sobre la llaga, ¡y Ezequías se recuperó!» (2 Reyes 20:7 NTV).

Dios valora cuando le viertes tu corazón en una oración elocuente. La oración de Ezequías contra los asirios fue ungida, y Dios respondió poderosamente. Pero habrá momentos en los que estarás tan angustiado que apenas podrás hablar. Dios también responde a *esas* oraciones.

60. La oración en el reino del Mesías

Isaías profetizó que un día el Mesías reinará sobre toda la tierra (Isaías 11:1–10), y en ese día el pueblo de Dios orará:

«En aquel día dirás: Cantaré a ti, oh Jehová; pues aunque te enojaste contra mí, tu indignación se apartó, y me has consolado. He aquí Dios es salvación mía; me aseguraré y no temeré; porque mi fortaleza y mi canción es JAH Jehová, quien ha sido salvación para mí. Sacaréis con gozo aguas de las fuentes de la salvación. Y diréis en aquel día: Cantad a Jehová, aclamad su nombre, haced célebres en los pueblos sus obras, recordad que su nombre es engrandecido. Cantad salmos a Jehová, porque ha hecho cosas magníficas; sea sabido esto por toda la tierra. Regocíjate y canta, oh moradora de Sion; porque grande es en medio de ti el Santo de Israel» (Isaías 12:1–6 RVR1960).

Estos eventos solo serán plenamente realizados en el Milenio, pero, si amas a Jesús el Mesías, su reino ya ha comenzado en tu corazón, y puedes orar esto ahora.

Es maravilloso tener paz con Dios. La ira de Dios permanece sobre aquellos que no lo conocen (Juan 3:36). Dios *estaba* enojado contigo, pero ahora, debido a tu fe en la muerte expiatoria de Jesús, su ira no tiene lugar.

Ahora puedes orar: «Dios es salvación mía; me aseguraré y no temeré». Jesús vino a «librar a todos los que por el temor de la muerte estaban durante toda la vida sujetos a servidumbre» (Hebreos 2:15 RVR1960). También la ansiedad y el temor desaparecen de tu vida. «En el amor no hay temor, sino que el perfecto amor echa fuera el temor» (1 Juan 4:18 RVR1960).

En el lugar de preocupación puedes tener alegría: «Sacaréis con gozo aguas de las fuentes de la salvación». Jesús prometió: «dentro de él esa agua se convertirá en un manantial del que brotará vida eterna» (Juan 4:14 NVI).

Saber que Jesús te ha salvado te da felicidad. «Regocíjate y canta». Puedes ser feliz incluso en circunstancias difíciles, porque «guardados por el poder de Dios mediante la fe, para alcanzar la salvación [...]. En lo cual vosotros os alegráis, aunque ahora por un poco de tiempo [...] tengáis que ser afligidos en diversas pruebas» (1 Pedro 1:5–6 RVR1960).

61. Cuestionando a Dios

El profeta Habacuc estaba afligido por el estilo de vida violento y egoísta del pueblo judío y por la forma en que los ricos oprimían a los pobres. Así que oró:

«¿Hasta cuándo, oh Señor, pediré ayuda, y no escucharás, clamaré a ti: ¡Violencia! y no salvarás? ¿Por qué me haces ver la iniquidad, y me haces mirar la opresión? La destrucción y la violencia están delante de mí [...] Por eso no se cumple la ley y nunca prevalece la justicia. Pues el impío asedia al justo; por eso sale pervertida la justicia» (Habacuc 1:1–4 LBLA).

Dios respondió: «Porque he aquí, yo levanto a los caldeos, pueblo feroz e impetuoso, que marcha por la anchura de la tierra» (Habacuc 1:6 LBLA). Los caldeos (babilonios) ya habían conquistado muchas naciones orientales, y Dios advirtió que pronto invadirían a Judá para castigarla por sus pecados.

Pero esto presentó un nuevo dilema para Habacuc. Los babilonios eran paganos; eran malvados, despiadados y traicioneros. Así que oró: «Oh Señor, PARA JUICIO LO HAS PUESTO; TÚ, OH ROCA, LO HAS ESTABLECIDO PARA CORRECCIÓN». Entonces Habacuc señaló el dilema: «Muy limpios son tus ojos para mirar el mal, y no puedes contemplar la opresión. ¿Por qué miras con agrado a los que proceden pérfidamente...?» (Habacuc 1:12–13 LBLA).

Dios respondió que después de haber usado a los babilonios para juzgar a Judá y a otras naciones, les tocaría a *ellos* ser juzgados: «Porque tú has despojado a muchas naciones, todos los demás pueblos te despojarán a ti, por la sangre humana y la violencia hecha a la tierra» (Habacuc 2:8 LBLA).

Cuando los ejércitos babilonios llegaron, gobernaron Judá con moderación al principio, y Jeremías advirtió a los judíos que se sometieran a su gobierno. Pero, después de que los judíos se rebelaron repetidamente contra ellos, los babilonios entraron en Judá, sitiaron Jerusalén e infligieron severas represalias a los judíos.

A menudo la vida es un caos, y las situaciones a veces parecen tan complejas que no podemos entender cómo *cualquier* solución que Dios proponga podría arreglar las cosas. Parece que su respuesta solo traerá nuevos problemas. Pero Dios es sabio y capaz de resolver hasta los problemas más complicados y aportar una solución justa al final. Así que está de acuerdo con nuestras preguntas. Pero ten en cuenta que es posible que no entendamos completamente lo que está haciendo, aunque nos lo explique. Por tanto ¡confía en él!

62. Un lamento

Judá se había rebelado contra Dios, adorando a Baal y a otros dioses. Se habían negado a arrepentirse y a regresar a Dios, aunque Jeremías les había advertido durante décadas que se avecinaba un desastre. Llegó el día del juicio: los babilonios atacaron y Jerusalén fue rodeada. Dentro de los muros, los judíos sufrieron una hambruna y una plaga terribles; fuera, fueron masacrados sin piedad.

Finalmente, Jerusalén cayó ante los asediados, y enemigos como los edomitas se regocijaron por su destrucción. Jeremías, que había sobrevivido al desastre recluido en una húmeda prisión, salió a la luz del sol para contemplar escenas de total desolación. Se lamentó, considerando el castigo de su pueblo como propio:

«¡Mírame, Señor, que me encuentro angustiada! ¡Siento una profunda agonía! Mi corazón está desconcertado, pues he sido muy rebelde. Allá afuera, la espada me deja sin hijos; aquí adentro, hay un ambiente de muerte. La gente ha escuchado mi gemir, pero no hay quien me consuele. Todos mis enemigos conocen mi pesar y se alegran de lo que has hecho conmigo [...] ¡Que llegue a tu presencia toda su maldad! ¡Trátalos como me has tratado a mí por causa de todos mis pecados! Son muchos mis gemidos, y mi corazón desfallece» (Lamentaciones 1:20–22 NVI).

El pueblo de Dios lo había abandonado, así que Dios los abandonó. Jeremías clamó: «Pero tú, Señor, reinas por siempre; tu trono permanece eternamente. ¿Por qué siempre nos olvidas?» (Lamentaciones 5:19–20 NVI).

Pero, en medio de su lamento, Jeremías mostró esperanza: «Desde lo más profundo de la fosa invoqué, Señor, tu nombre, y tú escuchaste mi plegaria; no cerraste tus oídos a mi clamor. Te invoqué, y viniste a mí; "No temas", me dijiste» (Lamentaciones 3:55–57 NVI). Jeremías añadió: «El gran amor del Señor nunca se acaba, y su compasión jamás se agota» (Lamentaciones 3:22).

Dios también estará *contigo* en tu hora más oscura cuando te halles bajo condena, afligido, y te sientas completamente abandonado. Puedes llamar a Dios desde el desastre que has causado en tu vida y él te escuchará. No importa cuánto te hayas alejado de él, no importa cuán profundamente hayas pecado —incluso si te está castigando en este momento— ¡él nunca retira completamente su amor y misericordia! Él nunca te abandonará por completo, y te promete: «Por un pequeño momento te dejé; mas te recogeré con grandes misericordias» (Isaías 54:7 RVA).

63. Confesión y arrepentimiento nacional

En momentos clave de la historia, han surgido hombres piadosos que se han levantado para interceder por sus naciones, confesando los pecados de su pueblo como propios. Daniel fue uno de ellos. Había llegado el momento de que Dios restaurara a su pueblo en su territorio, así que Daniel oró:

> *Ahora, Señor, Dios grande, digno de ser temido, que guardas el pacto y la misericordia con los que te aman y guardan tus mandamientos; hemos pecado, hemos cometido iniquidad, hemos hecho impíamente, y hemos sido rebeldes, y nos hemos apartado de tus mandamientos y de tus ordenanzas. No hemos obedecido a tus siervos los profetas [...]. Oh Jehová, nuestra es la confusión de rostro, de nuestros reyes, de nuestros príncipes y de nuestros padres; porque contra ti pecamos. De Jehová nuestro Dios es el tener misericordia y el perdonar, aunque contra él nos hemos rebelado, y no obedecimos a la voz de Jehová nuestro Dios [...] por lo cual ha caído sobre nosotros la maldición y el juramento que está escrito en la ley de Moisés, siervo de Dios [...]. Oh Señor, conforme a todos tus actos de justicia, apártese ahora tu ira y tu furor de sobre tu ciudad Jerusalén [...]. Dios nuestro, oye la oración de tu siervo, y sus ruegos; y haz que tu rostro resplandezca sobre tu santuario asolado, por amor del Señor [...] no elevamos nuestros ruegos ante ti confiados en nuestras justicias, sino en tus muchas misericordias. Oye, Señor; oh Señor, perdona; presta oído, Señor, y hazlo.*
>
> Daniel 9:4–6, 8–11, 16–19 rvr1960

La larga oración de Daniel fue probablemente redactada por escrito. Es una obra maestra de intercesión, que admite directamente los pecados de su pueblo y la justicia de Dios al juzgarlos, mientras recuerda a Dios su misericordia y su perdón. Fíjate en la potente frase: «no elevamos nuestros ruegos ante ti confiados en nuestras justicias, sino en tus muchas misericordias». Daniel se estaba entregando completamente a la misericordia de Dios.

Dios le respondió, y describió no solo la restauración de su pueblo, sino también la venida del Mesías: «desde la salida de la orden para restaurar y edificar a Jerusalén hasta el Mesías Príncipe, habrá siete semanas, y sesenta y dos semanas; se volverá a edificar la plaza y el muro» (Daniel 9:25 RVR1960).

La oración de Daniel proveyó el cambio necesario y, desde ese día en adelante, Dios obró para restaurar a su pueblo.

64. Esdras confiesa los pecados de su pueblo

Cuando Esdras, el jefe de los sacerdotes, llegó a Judá, se enteró de que muchas personas —incluidos sacerdotes y levitas— se habían casado con extranjeros y estaban siguiendo las prácticas detestables de los cananeos. Lo peor de todo es que los líderes y los funcionarios habían sido los primeros. Cuando Esdras oyó esto, se horrorizó y oró:

> *Oh Dios mío, estoy totalmente avergonzado; me da vergüenza elevar mi rostro a ti. Pues nuestros pecados se han amontonado tanto que son más altos que nosotros, y nuestra culpa llega a los cielos. Desde el tiempo de nuestros antepasados hasta el día de hoy, hemos vivido sumergidos en el pecado [...]. Sin embargo, ahora se nos concedió un breve momento de gracia, porque el SEÑOR nuestro Dios ha permitido que unos cuantos de nosotros sobreviviéramos como un remanente [...]. Ahora, Dios nuestro, ¿qué podemos decir después de semejantes cosas? ¡Pues una vez más hemos abandonado tus mandatos! Tus siervos, los profetas, nos advirtieron cuando dijeron: "La tierra en la que están a punto de entrar y poseer está totalmente contaminada por las prácticas detestables de los pueblos que la habitan [...] ¡No permitan que sus hijas se casen con los hijos de ellos! ¡No tomen a las hijas de ellos como esposas para sus hijos!" [...] Ahora somos castigados por nuestra perversión y nuestra gran culpa; pero en realidad, el castigo que recibimos es mucho menor de lo que merecemos [...]. Sin embargo, aun así, otra vez estamos quebrantando tus mandatos y nos estamos casando con personas*

> *que cometen esos actos detestables [...]. Nos acercamos
> a ti con nuestra culpa, sin ser más que un remanente
> que ha escapado, aunque en semejante condición
> ninguno de nosotros puede estar en tu presencia.*
>
> Esdras 9:6–8, 10–15 ntv

Esdras, como Daniel antes que él, confesó en nombre de su pueblo. Mientras lloraba y oraba, una gran multitud se reunió y lloró con él. Entonces los que habían pecado prometieron repudiar a sus esposas paganas. Ahora estas esposas podrían haberse convertido y ser parte del pueblo del pacto de Dios (Rut 2:12; Ester 8:17). Pero los que se negaron fueron enviados lejos.

Esdras dijo: «ahora se nos concedió un breve momento de gracia», pero lamentó: «una vez más hemos abandonado tus mandatos». Dios advierte del peligro de abusar de su gracia: «Porque [Dios] hablará paz á su pueblo y á sus santos, para que no se conviertan á la locura» (Salmos 85:8 rva).

65. Oración por hallar favor

En el palacio de Susa, un judío llamado Nehemías era copero del rey persa. Un día vino un hermano desde Judá, y Nehemías le preguntó cómo estaban los judíos de allí. Su hermano informó: «Los que se libraron del destierro [...] están enfrentando una gran calamidad y humillación. La muralla de Jerusalén sigue derribada, con sus puertas consumidas por el fuego» (Nehemías 1:3 NVI).

Cuando Nehemías oyó esto, ayunó durante varios días. Luego oró: «SEÑOR, Dios del cielo, grande y temible, que cumples el pacto y eres fiel con los que te aman y obedecen tus mandamientos, te suplico que me prestes atención, que fijes tus ojos en este siervo tuyo que día y noche ora en favor de tu pueblo Israel [...]. Recuerda, te suplico, lo que le dijiste a tu siervo Moisés: "Si ustedes pecan, yo los dispersaré entre las naciones: pero, si se vuelven a mí, y obedecen y ponen en práctica mis mandamientos, aunque hayan sido llevados al lugar más apartado del mundo los recogeré y los haré volver al lugar donde he decidido habitar" [...]. Señor, te suplico que escuches nuestra oración, pues somos tus siervos y nos complacemos en honrar tu nombre. Y te pido que a este siervo tuyo le concedas tener éxito y ganarse el favor del rey» (Nehemías 1:5–6, 8–9, 11 NVI). Con «el rey» Nehemías se refería al rey de Persia.

La siguiente vez que Nehemías sirvió al rey, le explicó que su ciudad natal estaba en ruinas, así que el rey le preguntó: «¿Qué quieres que haga?» (Nehemías 2:4 NVI). Nehemías dirigió una rápida oración a Dios y luego pidió ir a Jerusalén para reconstruirla. Esto complació al rey, así que Nehemías pidió cartas a los gobernadores para que le entregaran un salvoconducto, y una carta al encargado de los bosques para que le diera madera. El rey accedió a todas estas peticiones.

Nehemías había pensado cuidadosamente en sus solicitudes. Pero no dependía de su propia astucia para ganar el favor del rey. Dependía de Dios. Salomón había dicho: «Como los repartimientos de las aguas, así está el corazón del rey en la mano de Jehová; a todo lo que quiere lo inclina» (Proverbios 21:1 RVR1960). Nehemías le citó la Palabra de Dios, recordándole sus promesas, y Dios movió el corazón del rey a favor de Nehemías.

66. Orar por ánimo y fuerza

Nehemías dirigió la reconstrucción de los muros de Jerusalén, pero, cuando el oficial horonita Sanbalat se enteró, se burló de ellos: «¿Qué hacen estos débiles judíos? [...] ¿Harán revivir las piedras de los escombros polvorientos, aun las quemadas?» (Nehemías 4:2 LBLA). Tobías, un poderoso gobernador amonita, bromeó: «si un zorro saltara sobre ello, derribaría su muralla de piedra» (Nehemías 4:3 LBLA).

Así que Nehemías oró: «Oye, oh Dios nuestro, cómo somos despreciados. Devuelve su oprobio sobre sus cabezas [...]. No perdones su iniquidad, ni su pecado sea borrado de delante de ti, porque han desmoralizado a los que edifican» (Nehemías 4:4–5 LBLA).

Nehemías y los judíos siguieron adelante, y pronto toda la muralla alcanzó la mitad de su altura porque «el pueblo tuvo ánimo para trabajar» (Nehemías 4:6 LBLA). De modo que los enemigos de los judíos trataron de acabar con su determinación. Conspiraron para atacar a los trabajadores cansados, pero Nehemías estableció una guardia, y él y sus hombres oraban sin cesar.

Pero al cabo de un tiempo se desesperaron: «Desfallecen las fuerzas de los cargadores, y queda mucho escombro; nosotros no podemos reedificar la muralla». Gran parte de su abatimiento se debió al desgaste constante por parte de sus enemigos: «No sabrán ni verán hasta que entremos en medio de ellos y los matemos y hagamos cesar la obra». Algunos judíos advirtieron: «Subirán contra nosotros de todo lugar adonde os volváis» (Nehemías 4:10–12 LBLA).

Además, algunos supuestos profetas judíos advirtieron que Nehemías estaba condenado al fracaso. Escribió:

«todos ellos querían amedrentarnos, pensando: Ellos se desanimarán con la obra y no será hecha. Pero ahora, oh Dios, fortalece mis manos». Nehemías oró también: «Acuérdate, Dios mío, de Tobías y de Sanbalat conforme a estas obras suyas, también [...] de los demás profetas que estaban atemorizándome» (Nehemías 6:9, 14 LBLA).

Nehemías tenía los ojos fijos en Dios y oraba sin cesar, y Dios escuchaba sus oraciones y fortalecía al pueblo, hasta el punto de que toda la muralla de la ciudad fue reconstruida en solo cincuenta y dos días. ¡Qué diferencia marca la inspiración y el poder de Dios incluso en el trabajo físico ordinario! Cuando sus enemigos lo vieron, reconocieron que esta obra se había realizado con la ayuda de Dios.

67. Oraciones que molestan al Señor

Un día, un hombre cubierto de lepra se acercó a Jesús, se inclinó y le rogó: «Señor, si quieres, puedes limpiarme». Jesús extendió la mano y lo tocó, diciendo: «Sí, quiero [...] ¡Queda limpio!». Se curó al instante (Lucas 5:12–13 NVI).

El Evangelio de Marcos da más detalles. En casi todos los manuscritos griegos, la palabra *splangnistheis* («sentir compasión») aparece en Marcos 1:41. Así, en la mayoría de las Biblias se lee que, cuando el leproso dijo: «si quieres, puedes limpiarme», Jesús sintió compasión. Muchas versiones dicen que Jesús, «movido a compasión» extendió su mano y tocó al hombre. Pero en *un* manuscrito griego, el Codex Bezae, aparece la palabra *orgistheis* («enojarse»). Así pues, en la versión de 2011 de la NIV inglesa leemos: «Jesús estaba indignado. Extendió su mano y tocó al hombre».

No importa para nuestra comprensión de la naturaleza de Jesús qué palabra era la original. Podemos entender que tenga compasión de un pobre leproso (Mateo 14:14; 20:34), y Marcos también muestra a Jesús indignado en ocasiones (Marcos 3:5; 10:14).

Ante la diferencia entre *orgistheis* y *splangnistheis*, ¿cómo ocurrió este error del escriba? Es muy probable que un judío cristiano que dominara el arameo y el griego, al copiar el Evangelio de Marcos, se hubiera dado cuenta de que la palabra aramea subyacente *ethra'em* («se indignó») se confunde fácilmente con *ethraham* («se apiadó de él»). Concluyendo que se había cometido un error de traducción, cambió la palabra griega consecuentemente.

Pero todo esto puede dejarte preguntándote si Dios a veces se enoja cuando oras. Tal vez «descontento» sea más exacto. El leproso dijo: «Si quieres, puedes limpiarme». Si es cierto que Jesús se molestó, sería porque el hombre dudaba de su buena voluntad. Sabemos por Hebreos 11:6 (NVI) que «sin fe es imposible agradar a Dios». Por lo tanto, no *le* agrada la falta de fe.

Una vez, un padre llevó a su hijo a los discípulos de Jesús, pero no pudieron curarlo. Jesús dijo: «¡Ah, generación incrédula! [...] ¿Hasta cuándo tendré que estar con ustedes?» (Marcos 9:19 NVI). Entonces el padre dijo: «Si puedes hacer algo, ten compasión de nosotros y ayúdanos». Jesús respondió con rotundidad: «¿Cómo que si puedo? Para el que cree, todo es posible» (Marcos 9:22–23 NVI).

Pues sí, parece que algunas oraciones molestan a Dios.

68. Una respuesta inesperada

Jesús solo había hecho un milagro en Galilea: convertir el agua en vino en Caná, pero cuando estaba en Jerusalén en la Pascua: «muchos creyeron en su nombre, viendo las señales que hacía» (Juan 2:23 RVR1960). Ahora volvió a Caná de Galilea. Miles de peregrinos que regresaban difundieron la noticia de los milagros de Jerusalén por toda Galilea, y un noble de Capernaum lo oyó. Su hijo se estaba muriendo de fiebre alta, así que se apresuró a ir a Caná, a 23 kilómetros de distancia. Encontró a Jesús a la 1:00 p.m.

Cuando le pidió que viniera a curar a su hijo, Jesús respondió: «Si no viereis señales y prodigios, no creeréis» (Juan 4:48 RVR1960). Pero el noble tenía fe. No era como muchos otros judíos que buscaban señales a la ligera. Con su corazón rebosante de emoción, suplicó: «Señor, desciende antes que mi hijo muera» (Juan 4:49 RVR1960).

Jesús no deseaba viajar a Capernaum en ese momento y no había necesidad de que lo hiciera. Simplemente dijo: «Ve, tu hijo vive» (Juan 4:50 RVR1960). El noble podría haber insistido en que Jesús tenía que estar presente para curar a su hijo. Después de todo, ¿no es así como se hace? En vez de eso, creyó a Jesús y regresó a Capernaum. No llegó a casa ese día, pero esa noche se fue a dormir confiado. A la mañana siguiente se encontró con sus criados en el camino, que le dijeron que su hijo estaba curado.

Cuando el noble preguntó a qué hora se había recuperado, respondieron: «Ayer, a la una de la tarde, ¡la fiebre de pronto se le fue!» (Juan 4:52 NTV). El noble se dio cuenta de que era la hora exacta en que Jesús había dicho:

«tu hijo vive», así que él y toda su familia se hicieron creyentes.

El noble no formuló una larga petición. Primero le explicó su necesidad a Jesús y luego le hizo una breve y emotiva petición. Pero tenía fe, así que fue suficiente.

Dios no siempre responde a las oraciones de la manera que nosotros pensamos que lo hará. Naamán el sirio, por ejemplo, se ofendió cuando Eliseo no salió a su encuentro. Dijo: «Esperaba que él moviera su mano sobre la lepra e invocara el nombre del Señor su Dios ¡y me sanara!» (2 Reyes 5:11 NTV). Pero Eliseo le dio instrucciones diferentes, y él las obedeció y fue sanado. Las respuestas de Dios no siempre son las que esperamos.

69. El Padrenuestro

Cuando los discípulos de Jesús le pidieron: «Señor, enséñanos a orar», les respondió: «Cuando oréis, decid: Padre nuestro que estás en los cielos, santificado sea tu nombre. Venga tu reino. Hágase tu voluntad, como en el cielo, así también en la tierra. El pan nuestro de cada día, dánoslo hoy. Y perdónanos nuestros pecados, porque también nosotros perdonamos a todos los que nos deben. Y no nos metas en tentación, mas líbranos del mal» (Lucas 11:1–4 RVR1960).

El Padrenuestro, como se le llama a menudo, es la oración más famosa de la Biblia. Es un modelo de simplicidad, aunque completo: un cristiano que ora alaba a Dios, ora para que se haga su voluntad (y, por lo tanto, se somete a la voluntad de Dios), ora por sus necesidades físicas, recuerda la necesidad de perdonar y pide protección contra el mal. Esta oración no solo es hermosa, sino que su brevedad hace que sea muy valiosa: expresa tus peticiones de manera sencilla y clara.

Ahora, como Jesús dijo: «Cuando oréis, *decid*» —y a continuación dio las palabras exactas— algunas personas creen que esto es exactamente lo que él quería que los cristianos oraran. Así que lo memorizan y lo recitan palabra por palabra, a veces varias veces seguidas. Pero, aunque repetir esta oración puede ser muy enriquecedor, en realidad se entiende como un modelo, no como un mantra mágico.

Esto lo demuestra el hecho de que no hay una sola versión del Padrenuestro. La redacción en Lucas es un poco diferente de la versión más frecuentemente citada en Mateo 6:9–13. Eso es quizás porque Jesús enseñó esta oración en diferentes ocasiones, y porque la esencia de la oración es más importante que repetirla textualmente.

Además, cuando los discípulos de Jesús le pidieron: «Señor, enséñanos a orar», en el Evangelio de Lucas, primero les enseñó el Padrenuestro (11:1–4); luego les enseñó la importancia de la oración persistente (vv. 5–8); luego les enseñó que Dios respondería a las oraciones sinceras (vv. 9–10); finalmente, reforzó esto enseñándoles que Dios responde no porque es caprichoso, sino porque es bueno (vv. 11–13). En respuesta a la petición de los discípulos, Jesús les enseñó mucho más que el Padrenuestro.

Sin embargo, esta breve pero amada oración contiene muchas riquezas espirituales. Es bueno que pensemos detenidamente en lo que dice y significa mientras lo oramos.

70. Di la palabra y está hecho

Un día Jesús fue a Capernaum. En ese momento, el esclavo de un centurión romano local estaba «paralítico, gravemente atormentado» y cerca de la muerte (Mateo 8:6 RVR1960). El centurión se enteró de que Jesús había regresado a Capernaum. Como responsable del control de multitudes, a menudo había observado a Jesús rodeado de grandes muchedumbres, realizando asombrosos milagros de sanación (Marcos 1:32–34). Así que sabía que Jesús podía curar.

Pero también estaba consciente de que a los judíos se les prohibía entrar en las casas de los gentiles o incluso relacionarse con ellos (Hechos 10:28). Pero, como había financiado la construcción de su nueva sinagoga, y como se trataba de una emergencia, pidió a algunos ancianos judíos que se acercaran a Jesús en su nombre. Los ancianos le rogaron encarecidamente a Jesús: «Si alguien merece tu ayuda, es él; pues ama al pueblo judío y hasta construyó una sinagoga para nosotros» (Lucas 7:4–5 NTV).

Así que Jesús fue con ellos. Mientras tanto, el centurión, consciente de los escrúpulos judíos, pensó mucho en una forma alternativa de curar a su criado, y se le ocurrió la solución perfecta.

Justo antes de que Jesús llegara a su casa, el centurión envió a unos amigos a decir: «Señor, no te molestes en venir a mi casa, porque no soy digno de tanto honor. Ni siquiera soy digno de ir a tu encuentro. Tan solo pronuncia la palabra desde donde estás y mi siervo se sanará. Lo sé porque estoy bajo la autoridad de mis oficiales superiores y tengo autoridad sobre mis soldados. Solo tengo que decir: "Vayan" y ellos van, o "vengan" y ellos vienen. Y si les digo a mis esclavos: "Hagan esto", lo hacen» (Lucas 7:6–8 NTV).

Volviéndose hacia la multitud, Jesús dijo: «Les digo, ¡no he visto una fe como esta en todo Israel!» (Lucas 7:9 NTV). Y cuando los amigos del centurión regresaron a su casa, encontraron a su esclavo completamente curado.

El centurión tenía una gran fe, pero esta fe estaba basada en la experiencia práctica diaria. Ya sabía que Jesús tenía poder para sanar. Así que adoptó el principio de la obediencia en la cadena de mando militar y lo aplicó. No necesitaba estar presente para asegurarse de que *sus* órdenes se cumplieran, así que, lógicamente, tampoco lo necesitaba Jesús. Como él, Jesús solo tenía que decir la palabra y se cumpliría.

71. Oraciones aterrorizadas y en pánico

Jesús había pasado un largo día ministrando, y seguía llegando gente cuando se hizo de noche. Estaba agotado, así que, viendo la multitud a su alrededor, dijo: «Pasemos al otro lado del lago» (Lucas 8:22 LBLA). Jesús tenía una razón para ir allí, pero también necesitaba dormir un poco. Así que, dejando a la multitud, los discípulos «le llevaron con ellos en la barca, como estaba» (Marcos 4:36 LBLA), totalmente exhausto.

Cuando la barca salió, Jesús se desplomó sobre un cojín en la popa y pronto se quedó dormido. Navegaron a la luz del día, y otras barcas iban con ellos. Algunos de la muchedumbre aún lo seguían, con la intención de aprovechar el poder de Jesús.

Pero a cierta distancia surgió un fuerte vendaval, enormes olas rompían sobre la barca y esta comenzó a inundarse. Estaban todos empapados. Jesús también, pero estaba tan agotado que no se despertó.

Los discípulos vinieron a Jesús, clamando: «¡Maestro, Maestro, que perecemos!» (Lucas 8:24 LBLA). Al no despertarse, probablemente lo zarandearon. Luego gritaron: «Maestro, ¿no te importa que perezcamos?» (Marcos 4:38 LBLA). Jesús se despertó y preguntó: «¿Por qué estáis amedrentados, hombres de poca fe?» (Mateo 8:26 LBLA).

Cansado, se levantó, reprendió al viento y ordenó al oleaje: «¡Cálmate, sosiégate!» (Marcos 4:39 LBLA). Inmediatamente, el viento se detuvo y las olas se sosegaron. Todo quedó en calma.

Los discípulos estaban asombrados, apenas podían creer la repentina transformación, así que Jesús les preguntó: «¿Dónde está vuestra fe?» (Lucas 8:25 LBLA).

Como se quedaron sin habla, les preguntó: «¿Por qué estáis amedrentados? ¿Cómo no tenéis fe?» (Marcos 4:40 LBLA). Los discípulos habían tenido miedo de la tormenta. Ahora tenían miedo de Jesús. Asombrados, dijeron: «¿Quién, pues, es éste que aun a los vientos y al agua manda y le obedecen?» (Lucas 8:25 LBLA).

Los discípulos clamaron a Jesús en su gran necesidad, y la verdad es que estaban en verdadero peligro. Pero, en su terror, habían abandonado completamente su fe en que Dios podía actuar. Sus oraciones eran gritos de pánico, lamentos desesperados. Jesús les dijo que podrían haber orado confiadamente a su Dios para calmar la tormenta. No necesitaban despertarlo. Pero está claro que no tenían la fe para eso.

72. Incluso ahora puedes actuar

Jesús cruzó de nuevo el mar de Galilea hasta Capernaum, y una gran multitud se reunió a su alrededor. Uno de los dirigentes de la sinagoga, llamado Jairo, se abrió paso entre la multitud. Se postró a los pies de Jesús y le rogó: «Mi hija está agonizando; ven y pon las manos sobre ella para que sea salva, y vivirá» (Marcos 5:23 RVR1960). Entonces Jesús fue con él, y la multitud le siguió.

Mientras caminaban, una mujer que sufría de flujo de sangre se inclinó tras Jesús y tocó el borde de su manto. Él se detuvo repentinamente. La multitud también se detuvo, aunque Jairo parece haber continuado con su camino. Cuando Jesús supo quién lo había tocado y por qué, le aseguró a la mujer que se había recuperado.

Pero, mientras Jesús aún hablaba, vinieron mensajeros de la casa de Jairo y le dijeron: «Tu hija ha muerto; ¿para qué molestas más al Maestro?» (Marcos 5:35 RVR1960). Jairo se apresuró a volver a donde estaba Jesús y dijo: «Mi hija acaba de morir; mas ven y pon tu mano sobre ella, y vivirá» (Mateo 9:18 RVR1960).

Jairo aún creía, pero su fe estaba siendo seriamente probada, así que Jesús dijo: «No temas, cree solamente» (Marcos 5:36 RVR1960).

Cuando llegó a la casa, Jesús vio un tumulto y a las mujeres lamentándose y llorando a gritos. Jesús los sacó a todos de la casa y entró en el cuarto donde yacía la joven. Solo Pedro, Santiago, Juan y los padres de la niña lo acompañaron. Entonces Jesús la tomó de la mano y dijo: «Niña, a ti te digo, levántate» (Marcos 5:41 RVR1960). Se levantó de inmediato. Todos quedaron asombrados y la noticia de este milagro se extendió por toda la región.

Jairo le pidió a Jesús *dos veces*, primero cuando su hija se estaba muriendo y apenas le quedaba vida, y otra vez después de que ella acabara de morir. En ambas oraciones expresó su fe y nunca dejó de creer que Jesús podía curar a su hija.

Muchas personas oran y confían en que Dios actuará en situaciones difíciles, pero su fe falla cuando llegan peores noticias y las cosas de repente parecen imposibles. Los mensajeros preguntaron: «¿para qué molestas más al Maestro?». Algunas personas piensan que, cuando las cosas se ponen desesperadas, *seguir* orando es molestar al Señor sin razón alguna. Pero Dios no solo puede hacer lo difícil, sino que también puede hacer lo imposible.

73. Tocar a Jesús

Mientras Jesús iba con Jairo a su casa, una gran multitud lo seguía y presionaba a su alrededor, a veces casi aplastándolo. Había una mujer que había experimentado una hemorragia constante por doce años. Había sufrido mucho por la atención de muchos médicos y había gastado todo lo que tenía, pero solo había empeorado. Así que se puso detrás de Jesús entre la multitud porque pensó: «Si logro tocar siquiera su ropa, quedaré sana» (Marcos 5:28 NVI).

En el momento en que tocó su manto, su hemorragia se detuvo y sintió en su cuerpo que había sido sanada de su sufrimiento. Instantáneamente Jesús supo que ese poder había salido de él, así que se volvió y preguntó: «¿Quién me ha tocado la ropa?» Sus discípulos le respondieron: «Ves que te apretuja la gente […] y aun así preguntas: "¿Quién me ha tocado?"» (Marcos 5:30–31 NVI).

Jesús siguió mirando a su alrededor para ver quién lo había hecho. Insistió: «No, alguien me ha tocado […]; yo sé que de mí ha salido poder» (Lucas 8:46 NVI). Entonces la mujer, al darse cuenta de que no podía esconderse, dio un paso al frente. Cayó a sus pies y, temblando de miedo, le contó toda la verdad. Entonces Jesús le dijo: «Hija, tu fe te ha sanado […]. Vete en paz». (Lucas 8:48 NVI).

Esta mujer sin nombre había hecho una oración silenciosa. Ni siquiera dijo lo que pedía. Solo lo pensó. Pero tenía fe en su corazón y, cuando tocó a Jesús, el poder sanador fluyó de él a su cuerpo. Los cristianos de hoy también necesitan tocar a Jesús, para tener un contacto lleno de fe con él.

La mujer sabía que su flujo de sangre la hacía ceremonialmente impura y que cualquiera que la tocaba se volvía «impuro» (Levítico 15:25–33). Tampoco se le permitía tocar a nadie, así que simplemente rozó con sus dedos el borde de la ropa de Jesús. Pero, gracias a su fe, ese contacto fue suficiente.

La mujer estaba avergonzada de su enfermedad. No quería admitir de qué necesitaba curarse, pero finalmente tuvo que hacerlo. Algunos cristianos piensan que los creyentes deben gozar de una salud perfecta todo el tiempo. Por tanto, se avergüenzan de admitirlo cuando se enferman, porque sus amigos pensarán que han desobedecido a Dios. Pero esa doctrina es errónea. A veces las enfermedades simplemente ocurren. Es parte de la condición caída del mundo.

74. Cree cuando oras

Después de sanar a la hija de Jairo, Jesús se dirigió a la casa de Pedro. Pero al cruzar la pequeña ciudad, dos ciegos le siguieron, gritando: «¡Hijo de David, ten compasión de nosotros!» (Mateo 9:27 NTV). No se iban a detener. Su petición era simple, y la repitieron una y otra vez.

Algunos meses después, Jesús se encontró con una situación casi idéntica en Jericó. Dos ciegos oyeron que venía hacia ellos y comenzaron a gritar: «¡Señor, Hijo de David, ten compasión de nosotros!». La multitud les ordenaba: «¡Cállense!». Pero no se disuadieron, y gritaron más fuerte: «¡Señor, Hijo de David, ten compasión de nosotros!» (Mateo 20:30–31 NTV).

Los dos ciegos de Capernaum fueron igual de persistentes. Con audacia siguieron a Jesús hasta la casa de Pedro. Entonces él preguntó: «¿Creen que puedo darles la vista?» Ellos contestaron: «Sí, Señor [...] lo creemos». Así que él tocó sus ojos y dijo: «Debido a su fe, así se hará» (Mateo 9:28–29 NTV). Entonces recibieron la vista.

Se alegraron muchísimo, pero Jesús les advirtió: «No se lo cuenten a nadie» (Mateo 9:30 NTV). Sin embargo, salieron y difundieron su fama por todas partes. Jesús acababa de dar la misma advertencia a Jairo y a su esposa, pero había demasiada gente que no podía guardar silencio (Marcos 5:43; Mateo 9:26).

La NTV cuenta que Jesús dice: «Debido a su fe, así se hará». Pero en la RVR1960, que se ciñe más al original, leemos: «Conforme a vuestra fe os sea hecho». Esto deja abierta la posibilidad de que, a pesar de que *afirmaban* tener fe, podrían haberla perdido. En otras palabras, la responsabilidad recaía sobre ellos: recibirían una respuesta a la oración en proporción directa a su fe. Afortunadamente, tenían fe.

Era importante que las personas tuvieran fe al venir a Jesús en busca de ayuda. Cuando les faltaba, esto lo limitaba. Por ejemplo, en Nazaret «no pudo hacer allí ningún milagro [...] salvo que sanó a unos pocos enfermos, poniendo sobre ellos las manos. Y estaba asombrado de la incredulidad de ellos» (Marcos 6:5–6 RVR1960). En otros casos, las personas confesaron que creían pero tenían dudas (Marcos 9:23–24).

Si te falta fe en que Dios puede responder a tu oración, empápate en su Palabra y ora para que él aumente tu fe (Lucas 17:5). Él lo hará. «La fe es por el oír, y el oír, por la palabra de Dios» (Romanos 10:17 RVR1960).

75. ¡Señor, sálvame!

Después de multiplicar los panes y los peces para una multitud, Jesús instruyó a los doce apóstoles para que se subieran a una barca y cruzaran el lago mientras él se quedaba atrás y despedía a las multitudes. Luego subió al monte a orar. Cuando cayó la noche sobre Galilea, la barca estaba a gran distancia de la tierra, golpeada por las olas y los vientos en contra.

Alrededor de las tres de la mañana llegó Jesús, caminando sobre el oscuro y agitado mar. Cuando los discípulos lo vieron sobre las olas lanzadas por la tormenta, se aterrorizaron y exclamaron: «¡Es un fantasma!» y gritaron de miedo. Pero Jesús dijo: «Tened ánimo, soy yo; no temáis» (Mateo 14:26–27 LBLA).

Pedro, impetuoso como de costumbre, soltó: «Señor, si eres tú, mándame que vaya a ti sobre las aguas» (Mateo 14:28 LBLA). Es difícil imaginar qué motivó esta petición, pero Jesús la honró, diciendo: «Ven». Así que Pedro se bajó del bote y caminó sobre las aguas turbulentas. Pero de repente apartó los ojos de Jesús y se asustó con el viento y las olas. Al instante comenzó a hundirse. Gritó: «¡Señor, sálvame!» (Mateo 14:30 LBLA), así que Jesús lo agarró y lo mantuvo en la superficie.

Entonces le preguntó: «Hombre de poca fe, ¿por qué dudaste?» (Mateo 14:31 LBLA).

Pedro se había llenado de una repentina oleada de fe y había salido a las aguas. La gran fe en actos inusuales a menudo llega de repente, pero puede perderse igual de repentinamente, como Pedro aprendió. «Por fe andamos, no por vista» (2 Corintios 5:7 RVR1960). El miedo y la duda arruinaron su fe, y ya no pudo realizar el milagro.

Jesús preguntó: «¿por qué dudaste?». ¿Podemos elegir entre tener fe o *no* tenerla? Sí, las personas lo hacen a todas horas. Jesús habló de «los que habiendo oído, reciben la palabra con gozo [...] que á tiempo creen, y en el tiempo de la tentación se apartan» (Lucas 8:13 RVA, énfasis añadido). ¿Acaso lo que los tentó los convenció de que su fe estaba equivocada? No. Pero, después de caer en la tentación, *eligieron* desechar su fe y dejar de creer. Muchas personas creen en los milagros cuando hay buen tiempo, pero dejan que se pierda su confianza cuando hay problemas.

Pero la buena noticia es que puedes tomar una decisión consciente de disposición a creer; y Dios honrará esa decisión.

76. Una solicitud persistente

Saliendo de Galilea, Jesús y sus discípulos viajaron hacia el norte, a la costa de Fenicia, en la región de las ciudades de Tiro y Sidón. La situación era peligrosa en Galilea, y como había una gran población judía en el norte, Jesús fue allí.

Los fenicios eran cananeos, y los judíos no tenían ninguna relación con los gentiles, y mucho menos con los cananeos. Pero una mujer cananea vino a la casa donde Jesús se hospedaba: «¡Señor, Hijo de David, ten compasión de mí! Mi hija sufre terriblemente por estar endemoniada» (Mateo 15:22 NVI). *Hijo de David* era un título para el Mesías, así que esta mujer creía que Jesús era el Salvador prometido.

Jesús la escuchó, pero no respondió, así que sus discípulos le instaron: «Despídela, porque viene detrás de nosotros gritando». Jesús se volvió hacia la mujer y le explicó: «No fui enviado sino a las ovejas perdidas del pueblo de Israel» (Mateo 15:23–24 NVI).

Desesperada, confiada en su bondad, la mujer se arrodilló ante él, e insistió: «¡Señor, ayúdame!» (Mateo 15:25 NVI).

Jesús le contestó: «Deja que primero se sacien los hijos [...] no está bien quitarles el pan a los hijos y echárselo a los perros» (Marcos 7:27 NVI). Los judíos a menudo se referían a los gentiles como perros, y no era un cumplido, pero la mujer usó la ilustración de Jesús para argumentar por su ayuda: «Sí, Señor; pero hasta los perros comen las migajas que caen de la mesa de sus amos» (Mateo 15:27 NVI).

Jesús dijo: «¡Mujer, qué grande es tu fe! […] Que se cumpla lo que quieres. Y desde ese mismo momento quedó sana su hija» (Mateo 15:28 NVI).

Dios consideraba justos incluso a los cananeos si tenían fe en Dios. Piensa en Rajab, uno de los antepasados de Jesús (Mateo 1:5; Hebreos 11:31). Pero Dios había enviado a Jesús a los judíos. Después de que su pueblo escogido hubiera escuchado el mensaje, podría ir a los gentiles… pero no antes. Así que Jesús ignoró a la mujer. Pero la gran humildad y fe de ella la empujó hacia adelante en la línea.

Su perseverancia también la ayudó a obtener una respuesta. Ella sabía que Jesús tenía el poder de ayudarla y, como él era su única esperanza, se negó a aceptar un no por respuesta. Aunque te sientas indigno, confía en la misericordia de Dios y pídele que te ayude. Si otros te dicen que no es posible que tus oraciones sean contestadas, sigue orando.

77. Ayúdame a superar mi incredulidad

Jesús estaba en la cima de una montaña con Pedro, Santiago y Juan, y, cuando bajaron, vieron una multitud reunida y escribas discutiendo con los discípulos. Jesús preguntó: «¿Sobre qué discuten?». Un hombre dijo: «Maestro, traje a mi hijo para que lo sanaras. Está poseído por un espíritu maligno que no le permite hablar. Y, siempre que este espíritu se apodera de él, lo tira violentamente al suelo y él echa espuma por la boca, rechina los dientes y se pone rígido. Así que les pedí a tus discípulos que echaran fuera al espíritu maligno, pero no pudieron hacerlo» (Marcos 9:16–18 NTV).

Jesús dijo: «¡Gente sin fe! ¿Hasta cuándo tendré que estar con ustedes? ¿Hasta cuándo tendré que soportarlos? Tráiganme al muchacho». Se lo trajeron y entonces el espíritu maligno «le causó una violenta convulsión al muchacho, quien cayó al piso retorciéndose y echando espuma por la boca». «¿Hace cuánto tiempo que le pasa esto?» preguntó Jesús (Marcos 9:19–21 NTV).

El padre contestó: «Desde que era muy pequeño [...]. Ten misericordia de nosotros y ayúdanos si puedes» (Marcos 9:21–22 NTV).

«¿Cómo que "si puedo"?», respondió Jesús. «Todo es posible si uno cree». El padre clamó: «¡Sí, creo, pero ayúdame a superar mi incredulidad!». Entonces Jesús reprendió al espíritu maligno: «¡Te ordeno que salgas de este muchacho y nunca más entres en él!» (Marcos 9:23–25 NTV). El espíritu gritó, arrojó al niño en una violenta convulsión y lo dejó. Luego Jesús lo ayudó a ponerse de pie.

Entonces los discípulos le preguntaron a Jesús: «¿Por qué nosotros no pudimos expulsar el demonio?» Jesús dio dos respuestas. Primero, les dijo: «Ustedes no tienen la fe suficiente» (Mateo 17:19–20 NTV). Cuando Jesús dijo: «¡Gente sin fe!», esto incluía no solo al padre del niño, sino también a sus discípulos. *Deberían* haber sido capaces de expulsar al espíritu maligno. Jesús ya les había dado poder para ello (Mateo 10:8; Lucas 10:17–19).

La segunda respuesta de Jesús fue: «Esa clase solo puede ser expulsada con oración» (Marcos 9:29 NTV). En otras palabras, los discípulos tenían que ser combativos al respecto, no solo por un corto tiempo y luego darse por vencidos, sino también insistiendo en la oración. La RVR1960 dice: «Este género con nada puede salir, sino con oración y ayuno». La idea es concentrarse en la oración durante un tiempo.

78. Una petición presuntuosa

Cuando Jesús y sus apóstoles se dirigían a Jerusalén, él prometió: «cuando el Hijo del hombre se siente en su trono glorioso, ustedes que me han seguido se sentarán también en doce tronos para gobernar a las doce tribus de Israel» (Mateo 19:28 NVI).

Era una promesa fantástica, pero Santiago y Juan, que eran hermanos, querían los *mejores* tronos. Pensaban que se los merecían. Después de todo, aparte de Pedro, eran los discípulos más cercanos a Jesús. Así que lo hablaron con su madre y, cuando todos se detuvieron a descansar, vinieron a Jesús, justo al lado de los otros apóstoles, y le dijeron: «Maestro, querríamos que nos hagas lo que pidiéremos» (Marcos 10:35 RVR1960).

Él les preguntó: «¿Qué queréis que os haga?» (Marcos 10:36 RVR1960).

Le respondieron: «Concédenos que en tu gloria nos sentemos el uno a tu derecha, y el otro a tu izquierda» (Marcos 10:37 RVR1960).

Jesús les dijo: «No sabéis lo que pedís [...] el sentaros a mi derecha y a mi izquierda, no es mío darlo, sino a aquellos para quienes está preparado» (Marcos 10:38, 40 RVR1960).

Cuando los otros apóstoles se enteraron de lo que Santiago y Juan habían pedido, se disgustaron mucho. Pero Jesús los llamó y les explicó: «Sabéis que los que son tenidos por gobernantes de las naciones se enseñorean de ellas, y sus grandes ejercen sobre ellas potestad. Pero [...] el que de vosotros quiera ser el primero, será siervo de todos» (Marcos 10:42–44 RVR1960). No está mal desear ser el primero en el reino de Dios. Tan solo entiende que esto significa poner tus propios deseos al final y vivir toda tu vida sirviendo a los demás.

Al igual que Santiago y Juan, a menudo tenemos una idea egoísta de la grandeza. La Biblia dice que «si pedimos alguna cosa conforme a su voluntad [...] tenemos las peticiones que le hayamos hecho» (1 Juan 5:14–15 RVR1960), pero muchas cosas que pedimos no son la voluntad de Dios. A ellos les dice Jesús: «No sabéis lo que pedís». Con demasiada frecuencia le pedimos al Señor: «querríamos que nos hagas lo que pidiéremos». Dicho de otro modo: «Sé nuestro genio personal y concédenos todos nuestros deseos y las peticiones de nuestro corazón». Pero el reino de Dios no funciona de esa manera, y por lo general él no responde a tales oraciones.

79. Peticiones de oración imposibles

Jesús dijo: «Todas las cosas son posibles para el que cree» (Marcos 9:23 LBLA). Mientras hay vida, hay esperanza, así que nunca debemos dejar de creer que Dios puede cambiar las situaciones difíciles. Pero *una vez que* esta vida termina, ya no *todo* es posible.

Jesús contó la historia de un señor rico que se vestía con ropa fina, celebraba fiestas y vivía alegremente todos los días. Un hombre llamado Lázaro, cubierto de llagas, mendigaba a su puerta, pero a menudo pasaba hambre. Entonces Lázaro murió y fue llevado por los ángeles al seno de Abraham. El hombre rico también murió, pero fue al Hades. Levantó la vista y vio a Abraham y a Lázaro muy lejos. Así que gritó: «Padre Abraham, ten misericordia de mí, y envía a Lázaro para que moje la punta de su dedo en agua y refresque mi lengua, pues estoy en agonía en esta llama» (Lucas 16:24 LBLA).

Pero Abraham le dio dos razones por las que eso no era posible. Le dijo: «Hijo, recuerda que durante tu vida recibiste tus bienes, y Lázaro, igualmente, males; pero ahora él es consolado aquí, y tú estás en agonía. Y además de todo esto, hay un gran abismo puesto entre nosotros y vosotros, de modo que los que quieran pasar de aquí a vosotros no puedan, y tampoco nadie pueda cruzar de allá a nosotros» (Lucas 16:25–26 LBLA).

El hombre rico entonces le rogó a Abraham que enviara a Lázaro a sus hermanos para advertirlos, pero de nuevo Abraham dijo que no. Cuando el rico argumentó que ellos creerían si veían a alguien levantado de entre los muertos, de nuevo Abraham dijo que no. Muchas cosas por las que desearías orar ya no son posibles después de la muerte.

Hay muchas peticiones de oración tontas o ridículas que no son posibles ni siquiera en esta vida. Por ejemplo, podrías orar para ganar siempre la lotería, o para que nadie en el mundo se enferme, o para que todas las guerras terminen ya. Aunque estas son obviamente irracionales, un sorprendente número de peticiones actuales de oración rayan en lo irracional o ridículo.

Dios no solo ha fijado grandes abismos en el reino espiritual, sino que ha establecido leyes en este mundo físico que hacen imposibles ciertas peticiones. Así que es mejor no perder el tiempo orando por esas cosas.

80. Orar y nunca darse por vencidos

Un día Jesús les contó a sus discípulos una historia para enseñarles a orar. Como la mayoría de las personas, se desanimaban o desconcertaban cuando Dios parecía ignorar sus oraciones, a menudo repetidas. Así que Jesús les contó una parábola para mostrar que debían orar y *perseverar* en la oración sin rendirse.

«Había un juez en cierta ciudad —dijo—, que no tenía temor de Dios ni se preocupaba por la gente. Una viuda de esa ciudad acudía a él repetidas veces para decirle: "Hágame justicia en este conflicto con mi enemigo". Durante un tiempo, el juez no le hizo caso, hasta que finalmente se dijo a sí mismo: "No temo a Dios ni me importa la gente, pero esta mujer me está volviendo loco. Me ocuparé de que reciba justicia, ¡porque me está agotando con sus constantes peticiones!"» (Lucas 18:2–5 NTV).

Entonces Jesús dijo: «Aprendan una lección de este juez injusto. Si hasta él dio un veredicto justo al final, ¿acaso no creen que Dios hará justicia a su pueblo escogido que clama a él día y noche? ¿Seguirá aplazando su respuesta? Les digo, ¡él pronto les hará justicia! Pero cuando el Hijo del Hombre regrese, ¿a cuántas personas con fe encontrará en la tierra?» (Lucas 18:6–8 NTV).

Algunos piensan que Jesús estaba diciendo que su Padre era igual que el juez injusto, que no estaba dispuesto a responder a las oraciones de los desesperados, a menos que lo acosaran hasta la muerte. Pero pensar eso es no ver el sentido de la parábola. Jesús estaba diciendo que, si un juez injusto podía ser movido a actuar, ¿*cuánto más* su amado Padre celestial?

Jesús hizo una declaración similar a una multitud de hombres y mujeres: «Pues si vosotros, siendo malos, sabéis dar buenas dádivas a vuestros hijos, ¿cuánto más vuestro Padre que está en los cielos dará buenas cosas a los que le pidan?» (Mateo 7:11 RVR1960). ¡Por supuesto! ¡Mucho más!

Es posible que estés clamando a Dios, pero sientes como si te estuviera dejando de lado o no te escuchara. Tú *sigue* clamando. «Orar y nunca darse por vencidos» (Lucas 18:1 NTV). Habrá momentos —quizás muchos— en que necesitarás orar repetidamente por la misma cosa. Así que no te desanimes. Sé persistente.

81. Creer y agradecer a Dios

En su último viaje al sur de Jerusalén, Jesús y los apóstoles viajaron a lo largo de la frontera entre Samaria y Galilea. Cuando Jesús iba a una aldea, diez leprosos se encontraron con él. Se detuvieron a distancia —como lo exigía la ley mosaica— y clamaron en voz alta: «¡Jesús, Maestro, ten compasión de nosotros!» Cuando vio su enfermedad, Jesús les indicó: «Vayan a presentarse a los sacerdotes» (Lucas 17:13–14 NVI). Este era el procedimiento necesario cuando alguien había sido limpiado de la lepra (Levítico 13:2–3; 14:2–32).

Los diez leprosos se dirigieron inmediatamente a ver a los sacerdotes, y «mientras iban de camino, quedaron limpios» (Lucas 17:14 NVI).

Uno de ellos, al ver que estaba curado, volvió corriendo, alabando a Dios a gran voz. Se arrojó a los pies de Jesús y le dio las gracias, y era samaritano. Jesús preguntó: «¿Acaso no quedaron limpios los diez? [...] ¿Dónde están los otros nueve? ¿No hubo ninguno que regresara a dar gloria a Dios, excepto este extranjero? Levántate y vete [...]; tu fe te ha sanado» (Lucas 17:17–19 NVI).

Hay tres lecciones en esta historia: la primera es que «su Padre sabe lo que ustedes necesitan antes de que se lo pidan» (Mateo 6:8 NVI). Los leprosos ni siquiera necesitaban decir: «¡Cúranos de nuestra lepra!». Todo lo que tenían que hacer era clamar: «¡Jesús, Maestro, ten compasión de nosotros!». Jesús podía ver cuál era su necesidad.

Segundo, Dios espera que pongamos en práctica nuestra fe. Jesús envió a los leprosos a los sacerdotes, y «*mientras iban de camino*, quedaron limpios» (énfasis añadido). Su fe los sanó, y demostraron que tenían fe dirigiéndose a los sacerdotes mientras todavía estaban enfermos de lepra. Si se hubieran quedado allí revisando sus cuerpos y esperando ser curados antes de ir, es posible que no hubieran sido curados.

La tercera lección es que tienes que dar gracias a Dios cuando responde a tus oraciones. La gratitud hacia los bienhechores humanos es una cortesía habitual, y Dios no espera menos. Algunas personas que han experimentado sanaciones milagrosas o alguna otra respuesta a la oración han reportado posteriormente que han perdido esta bendición, a menudo como resultado de continuar pecando, o de no valorar ni ser agradecidos por el milagro (Juan 5:14).

82. Orar incluso ahora

Un día llegó un mensajero de Betania con un mensaje urgente para Jesús: Lázaro, el hermano de María y Marta, estaba muy enfermo. Pero después de escuchar la noticia, Jesús se quedó dos días más donde estaba. Finalmente, anunció que era hora de ir a Judea. Cuando llegaron, Lázaro ya llevaba cuatro días muerto y sepultado.

Tan pronto como se enteró de que Jesús había venido, Marta salió a su encuentro, pero María se quedó en la casa. Marta le dijo a Jesús: «Señor, si hubieses estado aquí, mi hermano no habría muerto. Mas también sé ahora que todo lo que pidas a Dios, Dios te lo dará» (Juan 11:21–22 RVR1960). Esto demostraba una fe tremenda, porque —como Marta señaló más tarde— el cuerpo de Lázaro ya había comenzado a descomponerse.

Entonces Marta llamó a María, y ella vino, seguida por muchos judíos de la vecina Jerusalén que estaban de duelo con las hermanas. Cuando Jesús vio a María y a los judíos llorando, se lamentó y preguntó: «¿Dónde le pusisteis?» (Juan 11:34 RVR1960). Luego lo llevaron a la tumba. Era una cueva, y sobre ella había una piedra. Jesús ordenó: «Quitad la piedra» (Juan 11:39 RVR1960). Y la quitaron.

Entonces Jesús alzó los ojos y oró: «Padre, gracias te doy por haberme oído. Yo sabía que siempre me oyes; pero lo dije por causa de la multitud que está alrededor, para que crean que tú me has enviado. Y habiendo dicho esto, clamó a gran voz: ¡Lázaro, ven fuera! Y el que había muerto salió, atadas las manos y los pies con vendas, y el rostro envuelto en un sudario. Jesús les dijo: Desatadle, y dejadle ir» (Juan 11:41–44 RVR1960).

Muchas veces parece que Dios espera hasta el último momento para responder a oraciones desesperadas. Y también a menudo, una fecha límite crítica pasa *sin* respuesta. Llega el final del mes y todavía no tienes el dinero del alquiler. Oras por un hijo enfermo, pero no mejora. En momentos así, se necesita la fe de Marta para decir: «Mas *también sé ahora* que todo lo que pidas a Dios, Dios te lo dará».

No es necesariamente el final… aunque lo parezca. Jesús siempre intercede por ti ante el trono de Dios (Romanos 8:34), y Dios puede hacer lo imposible. Tal vez no responda como esperabas que lo hiciera, pero puede responderte.

83. El fariseo y el recaudador de impuestos

Algunas personas de los días de Jesús estaban orgullosas de su justicia y despreciaban a otras que no les parecían muy santas... y esta actitud impregnaba sus oraciones.

Un día Jesús contó una parábola sobre dos hombres. El primero era un fariseo (que proviene de una palabra que significa «separado, apartado»). Eran famosos por sus escrupulosos esfuerzos para obedecer la letra de la ley y vivir una vida santa. El segundo era un recaudador de impuestos. Éstos eran considerados pecadores porque se asociaban con los gentiles «inmundos» y a menudo engañaban a sus semejantes judíos.

Sin embargo, Jesús enseñó: «Dos hombres subieron al templo a orar; uno era fariseo, y el otro, recaudador de impuestos. El fariseo se puso a orar consigo mismo: "Oh Dios, te doy gracias porque no soy como otros hombres —ladrones, malhechores, adúlteros— ni mucho menos como ese recaudador de impuestos. Ayuno dos veces a la semana y doy la décima parte de todo lo que recibo". En cambio, el recaudador de impuestos, que se había quedado a cierta distancia, ni siquiera se atrevía a alzar la vista al cielo, sino que se golpeaba el pecho y decía: "¡Oh Dios, ten compasión de mí, que soy pecador!"» (Lucas 18:10–13 NVI).

Jesús dijo: «Les digo que este, y no aquel, volvió a su casa justificado ante Dios. Pues todo el que a sí mismo se enaltece será humillado, y el que se humilla será enaltecido» (Lucas 18:14 NVI). Los humildes están más abiertos a recibir la salvación. Jesús les dijo a los líderes religiosos: «Les aseguro que los recaudadores de impuestos y las prostitutas van delante de ustedes hacia el reino de Dios» (Mateo 21:31 NVI).

El fariseo confiaba en su propia bondad y, para mantenerse santo e incontaminado, no tenía contacto con los *pecadores*. Si tocaba a un judío menos piadoso en el mercado, se apresuraba a llegar a casa para lavarse las manos. Su actitud era la siguiente: «Estáte en tu lugar, no te llegues á mí, que soy más santo que tú» (Isaías 65:5 rva). Por eso el fariseo oraba «consigo mismo». ¿Y su oración? Era una oratoria orgullosa, no un clamor sincero y de corazón a Dios. No es de extrañar que Dios lo ignorara.

El recaudador de impuestos, por otro lado, no tenía pretensiones orgullosas. *Sabía* que era un pecador que no tenía ninguna justicia de la que jactarse, ni ninguna esperanza aparte de la misericordia de Dios. Su oración provenía de un corazón humilde y arrepentido, y Dios lo escuchó.

84. No dejes de clamar

Cuando Jesús y sus discípulos salieron de Jericó, una gran multitud los siguió. Un ciego llamado Bartimeo estaba sentado junto al camino, justo fuera de las puertas de la ciudad. Con él había otro mendigo ciego.

Cuando Bartimeo oyó que Jesús pasaba por allí, empezó a gritar: «¡Jesús, Hijo de David, ten compasión de mí!». Varias personas lo reprendieron: «¡Cállate!», pero no hizo sino gritar más fuerte: «¡Hijo de David, ten compasión de mí!». Jesús lo escuchó por fin, se detuvo y mandó: «Díganle que se acerque». Así que lo llamaron. «Anímate», le dijeron. «¡Vamos, él te llama!» (Marcos 10:47–49 NTV). Bartimeo se levantó y se dirigió a Jesús. El otro ciego lo siguió.

«¿Qué quieres que haga por ti?», preguntó Jesús. «Mi Rabí», respondió Bartimeo: «¡quiero ver!». El otro ciego se hizo eco de esta súplica. Jesús les tocó los ojos y dijo: «Puedes irte, pues tu fe te ha sanado». Al instante ambos pudieron ver (Marcos 10:51–52 NTV; ver también Mateo 20:29–34).

Esta es una gran lección de persistencia. Con tanta gente ordenándoles que se callaran y que no armaran un escándalo, los ciegos podrían haberse rendido. Pero persistieron, gritando una y otra vez, cada vez más fuerte.

Jesús enseñó en cierta ocasión una parábola sobre un hombre cuyo amigo llegó a medianoche, pero no tenía nada que servirle. Golpeó la puerta de un amigo, despertándolo, y le pidió prestado algo de pan. El hombre insistió en que no podía levantarse, pero Jesús dijo: «Les digo que [...] si sigues tocando a la puerta el tiempo suficiente, él se levantará y te dará lo que necesitas debido a tu audaz insistencia. Así que les digo, sigan pidiendo y recibirán lo que piden» (Lucas 11:8–9 NTV).

Los dos ciegos tuvieron una «persistencia descarada». Estaban causando alboroto y se negaron a que los avergonzaran para callar. La multitud pensó que Jesús los estaba ignorando y quería que los mendigos aceptaran educadamente su decisión. Pero Jesús no los había oído por encima del ruido de la multitud hasta que armaron un verdadero alboroto.

La multitud disfrutaba paseando con una celebridad, regodeándose en su presencia. Tenían su itinerario y no querían ninguna interrupción, y menos aún por dos pordioseros. Pero Jesús siempre tenía tiempo para los oprimidos y marginados.

85. Cuando Dios truena

Seis días antes de la Pascua, Jesús y sus discípulos fueron a Jerusalén. Había llegado finalmente el momento de que Jesús fuera arrestado y crucificado, y sentía un profundo dolor. Oró: «Ahora está turbada mi alma; ¿y qué diré? ¿Padre, sálvame de esta hora? Mas para esto he llegado a esta hora. Padre, glorifica tu nombre» (Juan 12:27–28 RVR1960).

«Entonces vino una voz del cielo: Lo he glorificado, y lo glorificaré otra vez [...]. Y la multitud que estaba allí, y había oído la voz, decía que había sido un trueno. Otros decían: Un ángel le ha hablado» (Juan 12:28–29 RVR1960). Jesús escuchó la respuesta de Dios claramente, pero otros no eran tan sensibles y lo escucharon con mayor o menor claridad.

Entonces Jesús dijo: «No ha venido esta voz por causa mía, sino por causa de vosotros». Añadió: «Ahora es el juicio de este mundo; ahora el príncipe de este mundo será echado fuera. Y yo, si fuere levantado de la tierra, a todos atraeré a mí mismo» (Juan 12:30–32 RVR1960). Estaba hablando de la clase de muerte que pronto sufriría.

Jesús había admitido: «Ahora está turbada mi alma; ¿y qué diré?». Cuando estaba desgarrado e inseguro, simplemente oró: «Padre, glorifica tu nombre». Esto nos recuerda el Padrenuestro: «santificado sea tu nombre [...]. Hágase tu voluntad» (Mateo 6:9–10 RVR1960). Cuando la senda se tornó más oscura, Jesús oró para que su Padre fuera glorificado por el cumplimiento de su voluntad, a pesar del dolor que Jesús mismo sentía.

A veces tú tampoco sabrás qué orar. Puede que te hayas convencido de que un cierto rumbo es la voluntad de Dios, pero conforme se ve más claramente cuánta pérdida y dolor puede acarrear, te lo cuestionas. ¿Puedes aun así rendirte a la voluntad de Dios? En momentos así, Pedro aconseja: «los que padecen según la voluntad de Dios, encomienden sus almas al fiel Creador» (1 Pedro 4:19 RVR1960).

Dios puede o no hablar con voz alta y clara en la confirmación de tu sacrificio, pero, aunque permanezca en silencio, te dará «conforme a las riquezas de su gloria, el ser fortalecidos con poder en el hombre interior por su Espíritu» (Efesios 3:16 RVR1960). Él fortalecerá tu resolución y te dará la gracia para sufrir por su nombre.

86. Oración de Jesús por unidad

En Juan 17, justo antes de su muerte, Jesús oró:

> *Padre, la hora ha llegado; glorifica a tu Hijo, para que el Hijo te glorifique a ti [...] para que dé vida eterna a todos los que tú le has dado. Y esta es la vida eterna: que te conozcan a ti, el único Dios verdadero, y a Jesucristo, a quien has enviado.*
> *[...] Y ahora, glorifícame tú, Padre, junto a ti, con la gloria que tenía contigo antes que el mundo existiera.*
> *He manifestado tu nombre a los hombres que del mundo me diste; eran tuyos y me los diste [...]. Padre santo, guárdalos en tu nombre, el nombre que[a] me has dado, para que sean uno, así como nosotros. Cuando estaba con ellos, los guardaba en tu nombre [...]. Mas no ruego sólo por éstos, sino también por los que han de creer en mí por la palabra de ellos, para que todos sean uno. Como tú, oh Padre, estás en mí y yo en ti, que también ellos estén en nosotros [...] para que sean uno, así como nosotros somos uno: yo en ellos, y tú en mí, para que sean perfeccionados en unidad.*
> JUAN 17:1–6, 11–12, 20–23 LBLA

Muchos cristianos están cautivados por la gran belleza de esta oración, pero se preguntan si realmente se aplica a la realidad cotidiana. Después de todo, ¿hasta qué punto son realmente uno con Jesús y Dios? Pero esta oración describe con precisión nuestra unión, ya que «si alguno *no* tiene el Espíritu de Cristo, no es de él». Pero «el que *se une* al Señor, un espíritu es con él» (Romanos 8:9; 1 Corintios 6:17 RVR1960, énfasis añadido).

También somos uno con otros creyentes en el sentido de que somos un solo cuerpo, cuya cabeza es Cristo (1 Corintios 12:12–27). «[Así es con] el cuerpo de Cristo también. Nosotros somos las diversas partes de un solo cuerpo y nos pertenecemos unos a otros» (Romanos 12:5 NTV).

Pero aparte de describir una unión espiritual mística con Cristo u otros creyentes, Jesús oraba para que fuéramos uno en mente y corazón, estuviéramos de acuerdo con la voluntad de Dios y viviéramos en amor y armonía los unos con los otros.

87. Rendirse a la voluntad de Dios

Cuando Jesús llevó a sus discípulos a Getsemaní, los dejó en el jardín inferior mientras subía más alto. Se llevó a Pedro, Santiago y Juan con él, y les dijo: «Quédense aquí y manténganse despiertos conmigo». Luego, alejándose un poco más, oró desesperado: «Padre mío, si es posible, no me hagas beber este trago amargo. Pero no sea lo que yo quiero, sino lo que quieres tú» (Mateo 26:38–39 NVI).

Después de orar por algún tiempo, regresó a sus discípulos y los encontró durmiendo. Se marchó de nuevo y oró: «Padre mío, si no es posible evitar que yo beba este trago amargo, hágase tu voluntad» (Mateo 26:42 NVI).

Cuando Jesús regresó, los encontró durmiendo una vez más. Así que los dejó y oró por tercera vez, diciendo las mismas palabras.

Un ángel se le apareció y lo fortaleció. Angustiado, oró más intensamente, y su sudor fue «como grandes gotas de sangre que caían hasta la tierra» (Lucas 22:44 RVR1960). Al regresar con los discípulos, los encontró durmiendo de nuevo. Jesús anunció: «Miren, se acerca la hora, y el Hijo del hombre va a ser entregado en manos de pecadores» (Mateo 26:45 NVI). En ese momento, Judas llegó con una multitud.

Jesús se rindió completamente a la voluntad de su Padre, por dolorosa que fuera. Jesús «ofreciendo ruegos y súplicas con gran clamor y lágrimas al que le podía librar de la muerte, fue oído a causa de su temor reverente» (Hebreos 5:7 RVR1960). No solo tenía sudor «como grandes gotas de sangre», sino que lloró con «gran clamor y lágrimas».

Dios *pudo* salvar a Jesús de ser crucificado, y Jesús le pidió, si era posible, que hiciera precisamente eso, pero luego oró: «Pero no sea lo que yo quiero, sino lo que quieres tú». Como le explicó a Pedro: «¿Crees que no puedo acudir a mi Padre, y al instante pondría a mi disposición más de doce batallones de ángeles? Pero, entonces, ¿cómo se cumplirían las Escrituras que dicen que así tiene que suceder?» (Mateo 26:53–54 NVI).

A veces a ti también se te pedirá que hagas sacrificios dolorosos y, aunque puedas salir de ellos si realmente lo deseas, Dios te bendecirá por rendirte a su voluntad.

88. Una oración de perdón

Jesús dijo: «¡Ama a tus enemigos! ¡Ora por los que te persiguen!» (Mateo 5:44 NTV).

Ya que Jesús aconsejó a la gente que orara por aquellos que los odiaban y les hacían daño, no es de extrañar que orase para que Dios perdonara a sus verdugos mientras lo estaban crucificando. «Cuando llegaron al lugar llamado "La Calavera", crucificaron allí a Jesús y a los malhechores, uno a la derecha y otro a la izquierda. Y Jesús decía: Padre, perdónalos, porque no saben lo que hacen» (Lucas 23:33–34 LBLA).

Podrías pensar que Jesús pudo perdonarlos porque era el Hijo perfecto de Dios, y sabía, después de todo, que era la voluntad de Dios que muriera en la cruz. Si es así, quizás supongas que estarás excusado por no poder amar a tus enemigos y no perdonarlos. Pero Jesús dio un mandato y luego puso un ejemplo a seguir. Y cristianos como Esteban lo siguieron. Mientras moría, perdonó a los que lo apedreaban, orando: «¡Señor, no los culpes por este pecado!» (Hechos 7:60 NTV).

Es necesario orar y perdonar a los demás por dos razones. La primera razón es que trae paz y sanación a tu propia alma. Te acerca al corazón de Dios y te asegura que tú también serás perdonado. Lo opuesto también es cierto. Jesús dijo: «si no perdonan a otros sus ofensas, tampoco su Padre les perdonará a ustedes las suyas» (Mateo 6:15 NVI).

Segundo, si perdonas a otros, Dios mismo los perdona por esos pecados particulares y abre sus ojos a su amor y gracia (Juan 20:23). Si los perdonas, entonces comienzas a orar para que Dios les haga bien, comenzando con su necesidad de salvación. Jesús oró por los romanos en la cruz, y Dios hizo que surgiera la fe en sus corazones. «El centurión, y los que estaban con él guardando a Jesús, visto el terremoto, y las cosas que habían sido hechas, temieron en gran manera, y dijeron: Verdaderamente éste era Hijo de Dios» (Mateo 27:54 RVR1960). Marcos 15:39 añade que, cuando el centurión escuchó las palabras de Jesús, creyó.

Las oraciones de perdón son de las más difíciles que se pueden orar, pero también de las más importantes, ¡porque pueden tener resultados muy poderosos!

89. Oraciones finales de Jesús

En sus últimos momentos en la cruz, Jesús gritó cuatro veces y, aunque dos de estas expresiones fueron proféticas, las otras dos fueron oraciones a su Padre. Entonces, ¿qué había en el corazón de Jesús durante sus últimos momentos de sufrimiento?

Alrededor de las 3:00 p.m., Jesús gritó con voz fuerte: «ELI, ELI, ¿LEMA SABACTANI? Esto es: DIOS MIO, DIOS MIO, ¿POR QUE ME HAS ABANDONADO?» (Mateo 27:46 LBLA). Cuando cargó con el pecado del mundo (Isaías 53:6; 2 Corintios 5:21), Jesús se sintió por un momento como si su Padre lo hubiera abandonado. También citaba Salmos 22:1 para llamar la atención sobre el hecho de que las profecías sobre su crucifixión se estaban cumpliendo (Salmos 22:7–8, 14–18).

Después de esto, sabiendo que se había cumplido todo, Jesús se asfixiaba y dijo: «Tengo sed» (Juan 19:28 LBLA). Allí había un frasco de vino agrio (vinagre), así que pusieron una esponja con el vino en una caña y se la llevaron a la boca. Esto cumplía la Escritura: «para mi sed me dieron a beber vinagre» (Salmos 69:21 LBLA).

Cuando Jesús lo recibió, dijo: «¡Consumado es!» (Juan 19:30 LBLA). Él había hecho todo lo que su Padre le había enviado a hacer.

Entonces Jesús gritó a gran voz, citando Salmos 31:5: «Padre, EN TUS MANOS ENCOMIENDO MI ESPIRITU» (Lucas 23:46 LBLA). Luego inclinó la cabeza y entregó su espíritu. Al instante, hubo un terremoto y el velo del templo se rasgó de arriba a abajo. Cuando el centurión, que estaba allí de pie, lo oyó y vio estas cosas, dijo: «En verdad este hombre era Hijo de Dios» (Marcos 15:39 LBLA).

Algunas personas se fijan en el clamor de Jesús: «¿por qué me has abandonado?» y afirman que murió en la desesperación, completamente separado de Dios y de camino a un infierno ardiente para sufrir allí tormentos. No fue así. Las siguientes palabras de Jesús —«¡Consumado es!»— muestran que, al haber derramado su sangre, ya había hecho *todo* lo necesario para asegurar nuestra salvación.

Y la oración de Jesús: «Padre, en tus manos encomiendo mi espíritu», mostraba su confianza en que se dirigía al cielo. Como le prometió al ladrón arrepentido: «En verdad te digo: hoy estarás conmigo en el paraíso» (Lucas 23:43 LBLA).

90. Orar y echar suertes

Después de que Jesús subió del monte de los Olivos al cielo, los once apóstoles fueron a Jerusalén, acompañados por muchos otros discípulos, hombres y mujeres. Juntos, los 120 se reunieron en una gran sala. «Todos éstos perseveraban unánimes en oración y ruego» (Hechos 1:14 RVR1960), orando sin cesar por diez días.

Entonces Pedro se levantó y anunció que, aunque la profecía de que Judas iba a traicionar a Jesús (Salmos 41:9) tuvo que cumplirse, había otra profecía que decía que alguien debía reemplazarlo: «Tome otro su oficio» (Salmos 109:8 RVR1960).

Casi todos los presentes habían visto a Jesús después de su resurrección, un requisito importante para ser apóstol (1 Corintios 9:1). Como explicó Pedro: «uno sea hecho testigo con nosotros, de su resurrección» (Hechos 1:22 RVR1960). Pero también había otras consideraciones: tenía que haber seguido a Jesús y haber sido testigo de sus enseñanzas y obras durante todo su ministerio, desde su bautismo hasta su ascensión. Y un apóstol tenía que hacer milagros y señales (2 Corintios 12:12).

Solo dos hombres encajaban en todos estos requisitos: José y Matías. Así que los apóstoles oraron: «Tú, Señor, que conoces los corazones de todos, muestra cuál de estos dos has escogido, para que tome la parte de este ministerio y apostolado, de que cayó Judas por transgresión» (Hechos 1:24-25 RVR1960). Entonces echaron suertes y esta cayó sobre Matías. Así que se convirtió en el nuevo duodécimo apóstol.

Se desconoce la naturaleza exacta de las suertes. Podrían haber sido piedras planas, parecidas a monedas, algún tipo de dados, o palitos de diferentes longitudes.

El pueblo de Dios a menudo «echó suertes delante de Jehová» (Josué 18:10 RVR1960) en el Antiguo Testamento, y la forma en que cayeron las suertes se consideraba divinamente guiada: «La suerte se echa [...] mas de Jehová es la decisión de ella» (Proverbios 16:33 RVR1960). Pedro habría estado familiarizado con estos pasajes.

Algunas personas insisten en que echar suertes (generalmente tirar una moneda al aire) sigue siendo una forma válida de determinar la voluntad de Dios. Sin embargo, aun los paganos echaban suertes para tomar decisiones (Ester 3:7; Mateo 27:35), así que otros cristianos sostienen que, con la venida del Espíritu de Dios para guiarnos, este método fue desechado, y que ni siquiera debería haber sido usado en Hechos 1. Afirman que *Pablo* era la opción que había escogido Dios para ser el duodécimo apóstol, pero que él no estaba presente en el aposento alto.

91. Orar por denuedo

Justo antes de ascender al cielo, Jesús les había dicho a sus discípulos: «Pero, cuando venga el Espíritu Santo sobre ustedes, recibirán poder y serán mis testigos» (Hechos 1:8 NVI). Y esto es lo que sucedió en Pentecostés. Los creyentes fueron bautizados con el Espíritu y proclamaron con valentía el mensaje de la muerte y resurrección de Jesús.

Más tarde, Pedro y Juan fueron arrestados por sanar a un cojo y predicar el evangelio. Los líderes religiosos les ordenaron que no enseñaran en el nombre de Jesús. Cuando Pedro y Juan se negaron a obedecer, sus enemigos los amenazaron y luego los liberaron. Después de que ellos regresaron a los otros discípulos y reportaron lo que había pasado, los creyentes clamaron en oración:

«Soberano Señor, creador del cielo y de la tierra [...], tú, por medio del Espíritu Santo, dijiste en labios de nuestro padre David, tu siervo: "¿Por qué se sublevan las naciones y en vano conspiran los pueblos? Los reyes de la tierra se rebelan y los gobernantes se confabulan contra el Señor y contra su ungido". En efecto, en esta ciudad se reunieron Herodes y Poncio Pilato, con los gentiles y con el pueblo de Israel, contra tu santo siervo Jesús [...]. Señor, toma en cuenta sus amenazas y concede a tus siervos el proclamar tu palabra sin temor alguno. Por eso, extiende tu mano para sanar y hacer señales y prodigios mediante el nombre de tu santo siervo Jesús» (Hechos 4:24–27, 29–30 NVI).

Después de haber orado, el lugar donde estaban reunidos se estremeció físicamente, y todos fueron llenos del Espíritu Santo y hablaron la palabra de Dios con denuedo.

Observa el patrón en su oración: los discípulos primero citaron la Escritura a Dios; en este caso, Salmos 2:1–2. Probablemente también citaron la *respuesta* que Dios prometió a los planes enfurecidos de los dirigentes: «El rey de los cielos se ríe; el Señor se burla de ellos. En su enojo los reprende» (Salmos 2:4–5 NVI).

Los dirigentes religiosos y políticos parecían tener todo el poder, pero los discípulos sabían que Dios era en realidad el que gobernaba por encima de todo. Por eso oraron: «Soberano Señor, creador del cielo y de la tierra». Los dirigentes no tenían el poder que creían poseer. Simplemente hicieron «lo que de antemano tu *poder* y tu *voluntad* habían determinado que sucediera» (Hechos 4:28 NVI, énfasis añadido). Dios sigue siendo hoy igual de poderoso.

92. ¿Qué debo hacer, Señor?

Después del asesinato de Esteban, Saulo fue al sumo sacerdote y le pidió cartas de autorización para ir a las sinagogas de Damasco con el fin de arrestar a los cristianos que allí vivían y llevarlos a Jerusalén. Pero, cuando se acercaba a Damasco, una brillante luz del cielo resplandeció a su alrededor y cayó al suelo.

Entonces Saulo oyó una voz que le preguntaba: «Saulo, Saulo, ¿por qué me persigues? Dura cosa te es dar coces contra el aguijón» (Hechos 26:14 LBLA). Jesús estaba tratando de convencer a Saúl como un granjero que pincha a su buey con un aguijón, pero Saulo, como un animal testarudo, estaba pateando contra el pincho.

Saulo preguntó: «¿Quién eres, Señor?». Él dijo: «Yo soy Jesús a quien tú persigues» (Hechos 9:5 LBLA).

«¿Qué debo hacer, Señor?», preguntó Saulo. Jesús dijo: «Levántate y entra a Damasco; y allí se te dirá todo lo que se ha ordenado que hagas» (Hechos 22:10 LBLA).

Entonces añadió: «porque te he aparecido con el fin de designarte como ministro y testigo, no sólo de las cosas que has visto, sino también de aquellas en que me apareceré a ti [...] para que abras sus ojos a fin de que se vuelvan de la oscuridad a la luz, y del dominio de Satanás a Dios, para que reciban, por la fe en mí, el perdón de pecados y herencia entre los que han sido santificados» (Hechos 26:16, 18 LBLA).

Los hombres que viajaban con Saulo se quedaron sin habla, oyendo el sonido de una voz, pero sin poder entender las palabras. Vieron la luz, pero no pudieron reconocer ni una forma. Saulo vio y oyó al Hijo de Dios en toda su gloria e inmediatamente se dirigió a él como «Señor». Ningún razonamiento o lógica humana había sido capaz de convencer a Saulo, pero, al encontrarse con el Salvador resucitado, pasó en un instante de ser un enemigo enfurecido a un seguidor manso, rogando que Jesús le mostrara lo que tenía que hacer.

Sin duda, Saulo había orado a Dios antes de eso, pero eran las plegarias de un hombre rencoroso y obstinado, no de alguien que tuviera una relación amorosa con Dios y se rindiera a su voluntad. Pero, desde el momento en que se encontró con el Señor, las oraciones de Saulo salieron de un corazón humilde y obediente. En vez de pedirle que aprobara sus planes, Saulo oró: «¿Qué debo hacer, Señor?».

93. Pregunta y respuesta

Había un discípulo en Damasco llamado Ananías, y el Señor lo llamó en una visión: «Ananías».

Él respondió: «Heme aquí, Señor».

El Señor le dijo: «Levántate, y ve a la calle que se llama Derecha, y busca en casa de Judas a uno llamado Saulo, de Tarso; porque he aquí, él ora, y ha visto en visión a un varón llamado Ananías, que entra y le pone las manos encima para que recobre la vista» (Hechos 9:11–12 RVR1960).

Ananías quedó conmocionado, y oró: «Señor, he oído de muchos acerca de este hombre, cuántos males ha hecho a tus santos en Jerusalén; y aun aquí tiene autoridad de los principales sacerdotes para prender a todos los que invocan tu nombre» (Hechos 9:13–14 RVR1960).

El Señor tranquilizó a Ananías: «Ve, porque instrumento escogido me es éste, para llevar mi nombre en presencia de los gentiles, y de reyes, y de los hijos de Israel; porque yo le mostraré cuánto le es necesario padecer por mi nombre» (Hechos 9:15–16 RVR1960).

Así que Ananías fue a la calle Derecha, entró en la casa, le impuso las manos y dijo: «Hermano Saulo, el Señor Jesús, que se te apareció en el camino por donde venías, me ha enviado para que recibas la vista y seas lleno del Espíritu Santo» (Hechos 9:17 RVR1960). Al instante Saulo pudo ver, se levantó y fue bautizado.

Dios a veces te dará instrucciones que dudarás en obedecer. Tal vez te preguntes si estás escuchando a Dios o solo a tu propia imaginación, o peor aún, a la voz del enemigo, y, francamente, con frecuencia confundimos nuestros propios pensamientos e impulsos con la voz de

Dios. Pero Ananías *sabía* que estaba escuchando a Dios y lo llamó «Señor».

Esta historia también demuestra que Dios es capaz de guiar a sus hijos con una precisión asombrosa. No solo le dijo a Ananías dónde encontrar a Saulo, sino que le reveló el nombre del hombre que iba a venir a curarlo. Quizás desees que Dios te hable con tanta claridad y detalle, pero la mayoría de las veces debemos estar satisfechos con las indicaciones generales.

Sin embargo, puedes estar seguro de que, aunque tengas dificultades para oír la voz de Dios, él no tiene problemas para oírte. Así que, aunque a menudo te sientas frustrado por tu incapacidad de discernir claramente la guía y dirección de Dios, aun así debes orar. Él puede hacer que tu camino sea muy claro.

94. Oraciones que se levantan como una ofrenda

En Cesarea había un soldado romano llamado Cornelio, centurión de la Compañía la Italiana. Él y toda su familia eran creyentes devotos, daba generosamente a los necesitados y oraba a Dios siempre. Un día, a eso de las 3:00 p.m., tuvo una visión. Un ángel de Dios con vestiduras resplandecientes se le apareció y le anunció: «¡Cornelio!».

Cornelio lo miró con ojos muy abiertos y le preguntó: «¿Qué quieres, Señor?».

El ángel respondió: «Dios ha recibido tus oraciones y tus obras de beneficencia como una ofrenda [...]. Envía de inmediato a algunos hombres a Jope para que hagan venir a un tal Simón, apodado Pedro. Él se hospeda con Simón el curtidor, que tiene su casa junto al mar [...]. Él te traerá un mensaje mediante el cual serán salvos tú y toda tu familia» (Hechos 10:3–6; 11:14 NVI).

Después de que el ángel desapareció, Cornelio llamó a dos de sus sirvientes y a un soldado devoto. Les contó lo que había pasado y los envió a Jope a buscar a Pedro.

Al describir el incidente más tarde, Cornelio contó que el ángel le había dicho: «Dios ha oído tu oración y se ha acordado de tus obras de beneficencia» (Hechos 10:31 NVI). Las palabras exactas del ángel, sin embargo, fueron: «Dios ha recibido tus oraciones y tus obras de beneficencia *como una ofrenda* (énfasis añadido)». Cornelio había orado con regularidad, pero probablemente tenía pocos indicios de que se hubieran escuchado muchas de sus oraciones. Sin embargo, en el momento *oportuno*, Dios lo reconoció y le respondió.

El libro de Apocalipsis dice: «Se acercó otro ángel [...] y se le entregó mucho incienso para ofrecerlo, junto con las oraciones de todo el pueblo de Dios, sobre el altar de oro que está delante del trono. Y, junto con esas oraciones, subió el humo del incienso desde la mano del ángel hasta la presencia de Dios» (Apocalipsis 8:3–4 NVI).

En el Antiguo Testamento, una ofrenda memorial era un puñado de harina fina y aceite con incienso. El sacerdote la quemaba. «sobre el altar para memorial; ofrenda encendida es, de olor grato a Jehová» (Levítico 2:2 RVR1960). Es posible que ores por algo con frecuencia y pienses que tus oraciones no son escuchadas, pero es todo lo contrario: se elevan como una dulce fragancia para Dios. Hay un momento establecido para que Dios responda, y a su debido tiempo responderá.

95. Decir que no a Dios

Cornelio envió a tres hombres a Jope, y llegaron al día siguiente al mediodía. Mientras tanto, Pedro subió a la azotea de la casa de Simón para orar. Tenía hambre y, mientras se preparaba la comida, cayó en trance. Vio los cielos abiertos, de donde bajó una sábana grande. En la sábana había toda clase de animales extraños, reptiles y aves.

Luego una voz dijo: «Levántate, Pedro; mátalos y come de ellos» (Hechos 10:13 NTV).

Atónito, Pedro discutió: «No, Señor [...]. Jamás he comido algo que nuestras leyes judías declaren impuro e inmundo» (Hechos 10:14 NTV).

Pero la voz habló de nuevo: «No llames a algo impuro si Dios lo ha hecho limpio» (Hechos 10:15 NTV).

La visión se repitió tres veces; luego la sábana fue llevada al cielo. En ese momento llegaron los romanos y el Espíritu Santo le dijo a Pedro que fuera con ellos sin dudarlo. Al día siguiente los acompañó a Cesarea. Una vez allí, les dijo a Cornelio y a los romanos reunidos: «Ustedes saben que va en contra de nuestras leyes que un hombre judío se relacione con gentiles o que entre en su casa; pero Dios me ha mostrado que ya no debo pensar que alguien es impuro o inmundo» (Hechos 10:28 NTV).

Algunos cristianos enseñan que esta visión significaba que los alimentos impuros (tales como el cerdo y los mariscos) prohibidos en Levítico 11 ahora podían comerse, pero, aunque esto es parte de la interpretación, el significado principal y claro es que el reino de Dios estaba ahora abierto a los gentiles.

Esta historia también nos muestra cómo no orar. Pedro dijo: «No, Señor», pero reconocer a Dios como Señor es reconocerlo como Amo. No le digas a tu Señor que no. Como Saulo, pregunta: «¿Qué debo hacer, Señor?». Pero ¿cuántas veces rechazamos la dirección de Dios?

Algunos cristianos piensan que cuando oran tienen la autoridad para darle órdenes a Dios, y citan este versículo: «Así dice Jehová [...] mandadme [...] acerca de la obra de mis manos» (Isaías 45:11 RVA). Pero la NVI dice: «Así dice el Señor [...] ¿Van acaso [...] a darme órdenes sobre la obra de mis manos?» Isaías 45:9 aclara con quién hablaba Dios: «¡Ay del que contiende con su Hacedor! (NVI)». Ellos *tratan* de mandarle a Dios, pero no están en posición de hacerlo.

96. La bendición efesia

Pablo hizo una intensa oración por los cristianos de Éfeso. Es quizás la bendición más hermosa del Nuevo Testamento:

«Por esta causa, pues, doblo mis rodillas ante el Padre de nuestro Señor Jesucristo, de quien recibe nombre toda familia en el cielo y en la tierra, que os conceda, conforme a las riquezas de su gloria, ser fortalecidos con poder por su Espíritu en el hombre interior; de manera que Cristo more por la fe en vuestros corazones; y que arraigados y cimentados en amor, seáis capaces de comprender con todos los santos cuál es la anchura, la longitud, la altura y la profundidad, y de conocer el amor de Cristo que sobrepasa el conocimiento, para que seáis llenos hasta la medida de toda la plenitud de Dios. Y a aquel que es poderoso para hacer todo mucho más abundantemente de lo que pedimos o entendemos, según el poder que obra en nosotros, a Él sea la gloria en la iglesia y en Cristo Jesús por todas las generaciones, por los siglos de los siglos. Amén» (Efesios 3:14–21 LBLA).

Pablo oraba «que Cristo more por la fe en vuestros corazones». Esta es la oración más esencial. Cuando las personas tienen fe en Cristo, Dios envía el Espíritu de su Hijo a sus corazones (Gálatas 4:6).

También rogaba «que [estuvieran] arraigados y cimentados en amor». La fe sin amor es estéril. «Una vez que depositamos nuestra fe en Cristo Jesús [...] lo importante es la fe que se expresa por medio del amor» (Gálatas 5:6 NTV). Esto cumple los dos mandamientos más grandes: amar a Dios y a tu prójimo (Mateo 22:36–40).

Pablo pidió «que os conceda [...] ser fortalecidos con poder por su Espíritu en el hombre interior». Jesús prometió: «cuando venga el Espíritu Santo sobre ustedes, recibirán poder» (Hechos 1:8 NVI), y debes siempre someterte al Espíritu (Hechos 5:32).

Luego Pablo oró para que pudieran «conocer el amor de Cristo que sobrepasa el conocimiento». No debes olvidar nunca cuánto te ama Jesús. Esto hará que lo ames y le sirvas. «Nosotros le amamos á él, porque él nos amó primero» (1 Juan 4:19 RVA).

Por último, Pablo pidió que fueran «llenos hasta la medida de toda la plenitud de Dios». Así llegarían «a una humanidad perfecta que se conforme a la plena estatura de Cristo» (Efesios 4:13 NVI).

97. Oraciones de Pablo por las iglesias

La Biblia nos da un cuadro claro de las oraciones que Pablo hacía a diario por las iglesias. Tal vez te sorprenda saber que él no oraba para que crecieran en número, evangelizaran mejor a los perdidos, evitaran la persecución o fueran bendecidas en términos financieros. Escribió a los creyentes en Filipos: «En todas mis oraciones por todos ustedes, siempre oro con alegría [...]. Esto es lo que pido en oración: que el amor de ustedes abunde cada vez más en conocimiento y en buen juicio, para que disciernan lo que es mejor, y sean puros e irreprochables para el día de Cristo, llenos del fruto de justicia» (Filipenses 1:4, 9–11 NVI).

A los creyentes en Colosas, Pablo les escribió: «Pedimos que Dios les haga conocer plenamente su voluntad [...] para que vivan de manera digna del Señor, agradándole en todo. Esto implica dar fruto en toda buena obra, crecer en el conocimiento de Dios y ser fortalecidos [...]. Así perseverarán con paciencia en toda situación, dando gracias con alegría al Padre» (Colosenses 1:9–12 NVI).

Pablo animó a la iglesia de Éfeso: «Pido que el Dios de nuestro Señor Jesucristo, el Padre glorioso, les dé el Espíritu de sabiduría y de revelación, para que lo conozcan mejor. Pido también que les sean iluminados los ojos del corazón para que sepan a qué esperanza él los ha llamado» (Efesios 1:17–18 NVI).

Es importante orar por finanzas, evangelización y crecimiento, pero todo esto es una consecuencia natural de las necesidades más *básicas* de los creyentes: caminar en el amor y conocimiento de Cristo. Estos pasajes sirven de inspiración para orar por ti mismo, por tus seres queridos y por tu iglesia.

Pablo les pidió que amaran más, que conocieran mejor a Cristo, que fueran puros e irreprensibles y que estuvieran llenos de justicia y conocimiento de la voluntad de Dios. Su deseo era que tuvieran resistencia y paciencia y que dieran gracias a Dios con alegría para poder vivir vidas dignas del Señor.

98. Alabar a Dios en el cielo

El cielo está lleno de la presencia y la gloria de Dios, y todos los seres vivientes —desde los ángeles hasta los santos, desde los ancianos exaltados hasta los seres vivientes— lo alaban.

Los cuatro seres vivientes alrededor del trono dicen: «Santo, santo, santo es el Señor Dios Todopoderoso, el que era, el que es, y el que ha de venir. Y siempre que aquellos seres vivientes dan gloria y honra y acción de gracias al que está sentado en el trono, al que vive por los siglos de los siglos, los veinticuatro ancianos se postran delante del que está sentado en el trono, y adoran al que vive por los siglos de los siglos, y echan sus coronas delante del trono, diciendo: Señor, digno eres de recibir la gloria y la honra y el poder; porque tú creaste todas las cosas, y por tu voluntad existen y fueron creadas» (Apocalipsis 4:8–11 RVR1960).

Los ancianos entonan un cántico nuevo para Jesús: «Digno eres [...] porque tú fuiste inmolado, y con tu sangre nos has redimido para Dios, de todo linaje y lengua y pueblo y nación; y nos has hecho para nuestro Dios reyes y sacerdotes, y reinaremos sobre la tierra» (Apocalipsis 5:9–10 RVR1960).

Los ángeles y todas las criaturas celestiales cantan: «Digno es el Cordero que fue sacrificado, de recibir el poder y las riquezas y la sabiduría y la fuerza y el honor y la gloria y la bendición». Entonces todas las criaturas —en el cielo, en la tierra y debajo de ella, y en el mar— cantan: «Bendición y honor y gloria y poder le pertenecen a aquel que está sentado en el trono y al Cordero por siempre y para siempre» (Apocalipsis 5:12–13 NTV).

La Biblia no habla mucho de santos que le piden cosas a Dios en el cielo. Eso es porque «Ya no habrá muerte, ni llanto, ni lamento ni dolor» (Apocalipsis 21:4 NVI). No habrá problemas ni escasez en el cielo, así que no necesitarás orar por alivio para estas cosas. Pero la Biblia habla mucho acerca de santos que alaban a Dios en el cielo, una de las formas más elevadas de oración.

Algunas personas tienen la idea equivocada de que eso es *todo* lo que haremos en el cielo, *siempre*. Pero, aunque los creyentes ciertamente pasarán tiempo deleitándose en la presencia de Dios, también habrá muchas otras actividades cautivadoras y emocionantes. No es necesario que estés delante de Su trono para estar en comunión con él. Su presencia y su gloria llenan toda la ciudad celestial, y tú puedes hablarle y escuchar de él todo el tiempo.

99. Oraciones por venganza en el cielo

Cuando Juan estuvo en el cielo, vio «debajo del altar las almas de los que habían sufrido el martirio por causa de la palabra de Dios y por mantenerse fieles en su testimonio. Gritaban a gran voz: "¿Hasta cuándo, Soberano Señor, santo y veraz, seguirás sin juzgar a los habitantes de la tierra y sin vengar nuestra muerte?". Entonces cada uno de ellos recibió ropas blancas, y se les dijo que esperaran un poco más, hasta que se completara el número de sus consiervos y hermanos que iban a sufrir el martirio como ellos» (Apocalipsis 6:9–11 NVI).

Algunos cristianos creen que los mártires simplemente deberían haber perdonado a sus asesinos, no haber orado por venganza. Pero, aunque a los creyentes se les pide que perdonen a sus perseguidores en el aquí y ahora, al final Dios los juzgará. Pablo dijo: «es justo delante de Dios pagar con tribulación a los que os atribulan [...] cuando se manifieste el Señor Jesús desde el cielo con los ángeles de su poder, en llama de fuego, para dar retribución» (2 Tesalonicenses 1:6–8 RVR1960). Cuando Jesús venga del cielo con los ángeles, llegará el Día del Juicio (Mateo 25:31–33).

Dios *es* el vengador de los débiles y, bajo la ley de Moisés, Dios aplicaba la venganza en esta vida. Advirtió: «si tú llegas a afligirles, y ellos *clamaren* a mí, ciertamente oiré yo su clamor; y mi furor se encenderá» (Éxodo 22:23–24 RVR1960 (énfasis añadido). Pero, si la víctima sigue las enseñanzas de Jesús y perdona, Dios puede mostrar misericordia al ofensor... en esta vida.

Si el ofensor *aún* no se arrepiente después de todo el amor generoso y la misericordia mostrados hacia él, su juicio será aún peor en el más allá. «No os venguéis vosotros mismos, amados míos; antes dad lugar á la ira; porque escrito está: Mía es la venganza: yo pagaré, dice el Señor» (Romanos 12:19 RVA). La Biblia advierte: «si tu enemigo tuviere hambre, dale de comer; si tuviere sed, dale de beber; pues haciendo esto, ascuas de fuego amontonarás sobre su cabeza» (Romanos 12:20 RVR1960).

Existe un tiempo establecido para el juicio de Dios, como descubrieron los mártires. Puede que no te guste escuchar que necesitas «esperar un poco más» para que se resuelva una situación insoportable, pero eso es a menudo lo que Dios te pide.

100. En el nombre de Jesús, amén

Juan escribió: «miré, y he aquí una gran multitud, la cual nadie podía contar, de todas naciones y tribus y pueblos y lenguas, que estaban delante del trono y en la presencia del Cordero [...] y clamaban a gran voz, diciendo: La salvación pertenece a nuestro Dios que está sentado en el trono, y al Cordero. Y todos los ángeles estaban en pie alrededor del trono, y de los ancianos y de los cuatro seres vivientes; y se postraron sobre sus rostros delante del trono, y adoraron a Dios, diciendo: Amén. La bendición y la gloria y la sabiduría y la acción de gracias y la honra y el poder y la fortaleza, sean a nuestro Dios por los siglos de los siglos. Amén» (Apocalipsis 7:9–12 RVR1960).

Los ángeles comenzaron y terminaron su alabanza con «¡Amén!». En primer lugar, decían «Amén» a la exclamación de alabanza de los santos, manifestando su acuerdo con ella. Los creyentes suelen decir: «Amén» al final de sus oraciones, y literalmente significa: «¡Que así sea!», en otras palabras: «¡Que sea como he orado!».

Justo antes de partir al cielo, Jesús les dijo a sus discípulos: «Hasta ahora nada habéis pedido en mi nombre; pedid, y recibiréis» (Juan 16:24 RVR1960). Por eso, durante dos mil años, hemos terminado nuestras oraciones con: «En el nombre de Jesús, amén». Mucha gente no está segura de *por qué* es necesario, pero saben que Jesús prometió: «Si algo pidiereis en mi nombre, yo lo haré», y «todo cuanto pidiereis al Padre en mi nombre, os lo dará» (Juan 14:14; 16:23 RVR1960).

Cuando haces peticiones en el nombre de Jesús, si estás sometido a *su* voluntad, pidiendo cosas que él quiere que tengas, es como si Jesús mismo estuviera pidiendo a su Padre. El nombre de Jesús está en el formulario de solicitud, y el Padre no rechazará a su Hijo. Como explicó Jesús: «Todo lo que pertenece al Padre es mío» (Juan 16:15 NTV).

Cuando Esdras fue a Judá, llevaba una carta oficial del rey Artajerjes en la cual el monarca ordenaba a sus tesoreros que les dieran todo lo que les pidieran (Esdras 7:21). De la misma manera, hay poder en hacer peticiones en el nombre de Jesús, al venir «en nombre del Rey», pero solo si estás pidiendo cosas dentro de su voluntad.

Si oráramos con una mayor conciencia del poder del nombre de Jesús, y del significado de la simple palabra Amén, más oraciones nuestras serían contestadas.